岗课赛证融合下的职业院校教育教学改革与创新

孙潘罡　著

北京工业大学出版社

图书在版编目（CIP）数据

岗课赛证融合下的职业院校教育教学改革与创新 /
孙潘罡著 . — 北京：北京工业大学出版社，2022.3
ISBN 978-7-5639-8284-4

Ⅰ . ①岗… Ⅱ . ①孙… Ⅲ . ①职业教育－教育改革－
研究－中国②职业教育－教学改革－研究－中国 Ⅳ .
① G719.21

中国版本图书馆 CIP 数据核字（2022）第 048513 号

岗课赛证融合下的职业院校教育教学改革与创新
GANGKESAIZHENG RONGHE XIA DE ZHIYE YUANXIAO JIAOYU JIAOXUE GAIGE YU CHUANGXIN

著　　者：孙潘罡
责任编辑：张　娇
封面设计：知更壹点
出版发行：北京工业大学出版社
　　　　　　（北京市朝阳区平乐园 100 号　邮编：100124）
　　　　　　010-67391722（传真）　bgdcbs@sina.com
经销单位：全国各地新华书店
承印单位：北京银宝丰印刷设计有限公司
开　　本：710 毫米 ×1000 毫米　1/16
印　　张：9.25
字　　数：185 千字
版　　次：2022 年 3 月第 1 版
印　　次：2022 年 3 月第 1 次印刷
标准书号：ISBN 978-7-5639-8284-4
定　　价：72.00 元

作 者 简 介

孙潘罡，青岛工贸职业学校教务主任，高级讲师。主持的课程"数控车削编程与加工"被评为青岛市第二批现代学徒制特色课程；主编《机械装调技术》《CAD/CAM 技术应用（中望）》等教材。

前　　言

随着我国社会经济的快速发展，企业对职业教育人才培养的要求不断提高，对专业人才的需求逐渐由原本的"单一应用型"转变为"复合实践型"。基于此种背景，"工学结合""产教融合"逐渐成为培养职业技能人才的重要手段，且进一步提出"岗课赛证"四位一体人才培养模式，为职业教育结构的课程教学改革与发展提供助力。

全国职业教育大会明确指出，要推动"岗课赛证融合"综合育人，提高教育质量。近年来，职业技能大赛应运而生。职业技能大赛是职业教育面对新形势、站在新起点的重大制度设计，比赛规程基于专业基础、国家职业技能标准、企业岗位能力的要求而设计，通过职业技能大赛的内涵与竞争体系建设，达到"以赛促学、以赛促教、以赛促用、以赛促改"的目的。

通过多年的研究和实践，逐渐探索出"课岗对接、课证融合、课赛融通"的课程教学模式，将课程教学与岗位需求、行业技能证书及职业技能大赛的需求相结合，取得了良好的教学效果。

本书采取理论分析与实践研究相结合的方式来对岗课赛证融合下的职业院校教育教学改革与创新进行阐述。本书在一定程度上丰富了职业院校岗课赛证融合人才培养模式的理论研究，并对职业院校岗课赛证融合人才培养模式方面具有指导意义。

本书撰写过程中得到多位专家以及同行的帮助和支持，在此表示衷心的感谢。由于作者认知和实践的局限，本书难免会有不足之处，恳请读者批评指正。

目　　录

第一章 工匠精神打造优秀教师队伍

我们正在进入工业 4.0 时代，技术工人队伍是支撑中国制造、中国创造的重要基础。对于实现中华民族伟大复兴的中国梦，社会主义核心价值观视域下的现代工匠精神愈发显示出其重要的积极意义，可以说是实现我国制造业转型升级、推动实施制造强国建设的文化内核。

第一节 新时代工匠精神新要求

一、强国梦背景下的工匠精神

（一）工业 4.0 是强国梦的必由之路

21 世纪对于全球来讲已经成为"中国制造"无处不在的时代，中国的制造业规模排名世界第一，但是存在着产品档次整体不高、结构性矛盾突出、自主创新能力弱等问题，相比美国、德国等发达国家还有一定的差距，在国际市场上具有弱竞争性和弱吸引力。中国的制造业还没有具备像世界制造强国那样整体上技术创新能力强、在国际工业产业链中居于主导地位的特长和优势。这些特长和优势是保证一个国家经济持续发展和繁荣以及维护一个国家安全的基础。

近几年，工业 4.0 已经成为全球产业最为关注的热点。工业 4.0，顾名思义指第四次工业革命。工业 1.0 的蒸汽时代（机械制造时代）的机器革命使人类能够进行大规模生产。英国通过第一次工业革命从一个相对边缘的欧洲国家一跃成为世界工业化的领导者，成为"日不落帝国"。工业 2.0 的电气化、自动化时代的电气革命使得电力开始推进工业发展，产品被标准化。德国抓住了第二次工业革命浪潮，成为第二个世界现代科技中心，从一个相对落后的农业国迅速转变为一个强大的工业国。工业 3.0 的电子信息化时代的信息革命使机器实现了自动化。美国在独立后抓住第二次、第三次工业革命的机遇，短时间内发展成为一个先进的、强大的工业国。工业 4.0 是在第三次工业革命的基础上不断对制造业的生产模式加以转变，是"工业＋信息"的大融合，也称为智能化时代。这个智能化时代不仅实现了产品全生命周期和全制造流程的数字化，还实现了基于信息技术的模块集成。一种高度灵活、个性化、数字化的产品与服务的全新生产模式也即将形成。这是一场从自动化生产到智能化生产的巨大革命，生产过程中的每一个环节都发生了翻天覆地的变化。

制造业是我国当前规模最大的产业，也是对于我国经济发展至关重要的产业。制造业既可以创造好的就业机会，又是建立和保持创新型经济的重要因素，同时对国家安全也至关重要。无论从哪个角度看，制造业都是构筑中国梦的基石。能否实现智能制造可以说是中国能否实现强国梦的关键，所以说，中国也在全力打造属于自己的中国版工业 4.0。2015 年 5 月，我国制定并颁布了《中国制造 2025》，旨在通过智能制造建设制造强国。该战略针对我国的制造业现状提出了未来制造业的发展前景以及发展方向，为中国迈向工业强国绘制了"三步走"的战略安排。这是我国制造业中长期发展的纲领性文件，将引领我国制造业提质升级。

（二）工业 4.0 需要大力倡导"工匠精神"

工业 4.0 让人们的生活更加便捷。在整个互联互通的环节中，人起到了主导作用。

改革开放几十年来，我们国家的制造业不断发展和壮大，目前的整体现状是全面实现了工业 1.0（机器制造、机械化生产），大部分企业已经达到工业 2.0（流水线、批量生产、标准化），也有很多企业能够达到工业 3.0（高度自动化、无人化/少人化生产），星星点点的企业也能够出现工业 4.0（数字化、网络化、智能化）的萌芽，要想实现绝大部分企业都达到工业 4.0 水平，还需要很长时间。中国要想在世界上站住脚，成为制造强国，那么制造行业就必须在提高质量的同时提高效率，向中高端提升。中国制造要进入全球高端市场，在品牌、技术、标准、质量等方面必须做到一定的提升。具备良好的工匠精神的现代匠人是企业发展重要的人才因素，如果没有这种精神，强大祖国的梦想则很难实现，人民所向往的美好生活也就非常遥远。

1. 弘扬工匠精神是中国速度迈向中国质量的需要

中国被称为"世界工厂"，可以生产世界上很大一部分产品。然而，虽然生产的产品很多，但是大部分依靠便宜的价格取胜，而并不是依靠优良的质量取胜。这样看来，质量可以说是中国制造业发展的突破点。随着经济的发展，我国居民的收入也在不断增加，消费者的消费需求也有所变化，不再注重产品的价格，反而更注重产品的质量，越来越多的普通老百姓也愿意为高品质的产品来买单。现在，产品的质量直接关系到老百姓买与不买和买哪个的决定，也关系到人民对美好生活的向往。

产品的质量和精度不够高，其实这本质上是因为一些制造业企业发展的目标不够明确，只是看中了眼前的利益，并没有把目光放得更长远，有些急功近利，才会导致产品的质量和标准不尽人意。要想改变这种状况，企业就需要发扬工匠精神，对每一个产品都要用100%的精力去钻研，去开发，不断地尝试，在失败中吸取经验，经过长期实验积累，才能有更好的成功，从而生产出高质量的产品。要想把中国制造业企业的制造优势转变为优势的制造，这就需要企业中的每一位工人都具备工匠精神，把这种精神发挥到极致，融入生产经营中，要用心才能做出好的产品，才能更好地满足目前消费群众的需求，同时满足国家发展的需要。

2. 弘扬工匠精神是中国产品迈向中国品牌的需要

日本、德国有众多长寿企业，这与工匠精神紧密相关。工匠精神成就了不少国家品牌的名声。德国的西门子、奔驰、宝马等品牌享誉全球，不管是大型的机械制造产品还是日常用品，都已经深深地刻上了"德国式精致"的印记。但是"德国制造"的百年口碑，依然靠的是精益求精的不断创新的工匠精神，体现了德国工人具备的良好素质和复杂技能。在很多日本人看来，将简单的事情用心做并且精心专注地做到极致，不单单可以使人获得成功，同样更好地诠释着生命的全部意义。日本的这些"百年老店"都是专注某一种商品或技术，并将工匠精神作为企业的文化及共同价值观，由此培育出企业持续发展的内生动力。就是因为有这种精益、敬业、创新的工匠精神作为支撑，日本的汽车企业及电子产品才能著称于世，享誉世界。

在当今世界，一个品牌已经能够成为一个国家的名片了。透过这个品牌，人们看到的是不同国家的历史文化、民族文化和人文背景。品牌形象也是一个企业的无形资产，因为一个品牌形成了，其影响力和价值要远远超出这个企业所生产出来的产品本身的价值。在现在国际市场这么激烈的竞争当中，如果这个产品没有一个良好的品牌，是无法进入世界主流市场进行销售的。现在，品牌已经成为许多国家之间明争暗斗的重要指标，不仅仅代表着一个企业的形象，也代表着一个企业的文化，透过企业文化还可以对消费者进行精神层面的影响。如果没有工匠精神，现在的企业品牌也有可能根本不存在。近年来，华为、中兴、海尔等具有自主品牌的中国企业得到了非常快速的发展，很重要的原因之一就是其发扬了敬业、精益、创新的工匠精神，不仅追求产品的高质量，还注重产品的细节和性价比，依靠着这些最终赢得了广大用户的认可。

3. 弘扬工匠精神是中国制造迈向中国创造的需要

工业 4.0 时代的改革是以智能制造和智能服务为标志的改革。与之相伴的是整个传统工艺向新时代工艺的完美转型和创新，提高了工作效率，也让劳动者和企业能够把更多的时间和更多的精力都用来开发新的技术，钻研新的产品，同时在产品的细节方面下功夫，完善细小的不足。这样才能够更好地掌握这个领域的核心技术，只有掌握了这个领域核心的技术才能打造出更好的产品。同时，应该认识到工匠精神不仅仅是把别人的技术学到自己手里这么简单，还要把学到的技术不断消化，不断打磨历练，从中开发出属于我们自己的知识产能，不断钻研学习发达国家的先进技术，从而锻炼出属于我们的相应的技术人员。

（三）工业 4.0 背景下工匠精神的时代特征

1. 从行业上看，工匠精神已经从传统的手工领域扩展到所有行业

随着时代的不断变化，如今的机器生产已经在很大程度上取代了传统的手工生产。所以，相对传统的工匠也渐渐消失在人们的视野，但是这并不意味着工匠精神随着时代变化而消失了。那种对工作认真负责、追求极致的精神在现如今的社会中仍然非常重要，应该继续发扬、继续保持。不论是在发达国家还是在中国，"工匠精神"已经不仅局限于传统手工业、劳动密集型产业。钢铁、汽车、集成电路、航空航天、生物技术等资本与技术密集型产业的飞速发展，造就了新的工匠精神。制造业与服务业的融合发展也离不开工匠精神。不管是农业、工业、服务业还是新兴产业都在提倡崇尚工匠精神的工作哲学。

党的十八大以来，习近平总书记多次礼赞工匠精神，精辟阐释"执着专注、精益求精、一丝不苟、追求卓越"的工匠精神内涵，强调"做强实体经济需要大量技能型人才，需要大力弘扬工匠精神""要在全社会弘扬精益求精的工匠精神，激励广大青年走技能成才、技能报国之路""培养更多高技能人才和大国工匠，为全面建设社会主义现代化国家提供有力人才保障"。职业院校是教育体系的重要组成部分，肩负着为新时代经济社会发展培养和输送"大国工匠"的重任。在人才培养体系中融入、厚植工匠精神，是新时代职业院校的历史担当和重大使命。

在课堂教学中着重培养学生的工匠精神，也是职业院校当下应着手做的事情。职业院校应着力加强对学生工匠精神的培养，通过以赛促教、课堂教育、主题活动、榜样引领等形式，促进学生工匠精神的养成。"工匠精神"应该成为学校职业教育的灵魂，成为每一个接受职业教育的学生所向往的一种境界。

2. 从生产方式上看，传统工匠的手工作坊已转向大机器生产下的价值链分工

在传统手工业领域，产品往往是手工生产而非机器制造，从产品的设计到产品的生产、质量的检测再到产品的销售等一系列环节往往都是由工匠自己或者和徒弟共同来完成的。新时代工匠和传统工匠是有着很大不同的。新时代的工匠生产方式往往是机械化的，手工工匠需要承担的工作只是众多工序中的一小部分。工业 4.0 时代不只是要建设智能的工厂、智能的车间，更要以这些为基础，还要以工业互联网为承载体，形成智能化工作模式，在各种企业中起到相互协作的作用。平台企业、软硬件服务商共同支撑的制造业生态系统中每一道工艺流程都是经过反复实践提炼出来的必要环节，不同环节的衔接有着严苛的规定。虽然现代工匠只是负责产业链、价值链中的某一个工序和环节，但他们并不是像流水线上的工人那样进行机械的操作，更多的是保证所负责工序的执行质量，避免下一个工序产生连锁反应，以致对整个产品的品质造成影响。

3. 从供需关系看，传统工匠重视供给，现代工匠更重视需求

过去，产品基本上处于短缺状态，往往是工厂生产什么、人们就用什么，传统工匠的主要任务是把产品做好。现在，大规模的批量生产已经不能满足市场的需求了。人们的消费观念以及消费水平都在不断升级。很多时候，人们愿意为了更加人性化、智能化及更能符合个人审美的产品而花费更多的金钱。未来的市场就是人们需要什么东西，工厂就能生产什么东西，力争做到每一个产品都是为消费者量身定制的。

在工业 4.0 时代，产品是按照用户的需求定制出来的，每个产品都是独一无二的，其所展示的独具创新的设计、纯熟精湛的技艺、专属的设计理念让人心驰神往。升级的消费需求要求企业更加笃实专注，追求精益思维，专注深耕自身的特长领域，十年磨一剑。专注于细分产品市场的创新，求品质、重视质量的意识也成为工匠精神的重要组成部分，工匠精神既涵盖了"以人为本"的理念，又契合了供给侧改革的需要。不管是高品质的内在、精致优美的外观，还是安全可靠的使用感受，处处都体现了为用户着想的原则。

（四）工业 4.0 背景下工匠精神的新要求

1. 高技能

工业 4.0 催生新的产业生态，需要的是适应时代发展及技术创新要求的高技能人才。高技能意味着精湛的技能、良好的理论、专业的技术素养和管理能力。

传统工业生产中的人才通常是劳动型的技术人才，主要从事生产制造。在工业 4.0 时代，机械设备越来越智能化，智能化贯穿企业生产制造的研发、生产、销售、服务全流程，人在生产过程中从操作者转变为管理者、规划者、决策者、协调者或评估者。现代工匠的职责更多的是对联网的机器进行编程和维护，并且在机器发生故障时实施维修使之恢复正常；对模块化生产单元进行部署使其能够各司其职、紧密配合；对智能制造方案进行设计规划；等等。工业 4.0 背景下的工匠要具备广泛的 IT 知识和网络安全维护能力、数据报告能力、根本原因分析能力、问题解决能力、全面的流程理解能力等跨学科和跨职能的技能。

2. 新思维

信息技术向制造业的渗透，带来了品质、效率、环保等方面的重大变革，催生了新技术、新产品、新业态、新模式，给制造业带来了更多的灵活性和想象空间。智能制造可以说是一个多样化、充满想象和具有颠覆性的新世界，为人类带来了新的思维。在这个时代，制造业企业需要的人才必须具备系统思维、互联网思维、前瞻性思维和创新思维等。

虽然在信息化时代机械化生产可以逐渐取代人的体力劳动，但机械的设计者、操作者、维护者始终是人。面对越来越复杂的情境，单一的、仅凭经验的思维方式是不够的，还需要更广泛的、更具探索性的思维方式；要突破一成不变的思维定式，要以不同于常人的眼光来观察生活，只有这样才能发现大家还没有意识到的东西，这就是一个突破点；不仅要"知其然"，更要"知其所以然"，知道操作背后的原理，这样才能妥善地处理问题；要放长线钓大鱼，不能只因为眼前的利益就放弃规划好的大局，目光短浅会影响企业的发展；而且要有环保意识，在企业的生产制造过程当中，在保证质量的同时节约资源，保护环境，做到安全健康生产，要以社会的效益为第一目标，绝对不能以破坏生态环境为代价，来换取短时间经济的快速增长。

3. 学习精神

当今时代，社会发展日新月异。在这样的形势下，一个好的匠人不但要懂得继承和传承，更要懂得学习和创新，只有这样才不会被时代淘汰。互联网的兴起使得我们可以借助发达的搜索工具收集到更多的资料，学习更多的新知识。工业 4.0 背景下的工匠需要有自主能动性，使自主学习、持续改善成为其自发自觉的行为。

4. 创新精神

创新绝对是有利于人类发展的，随着现代技术发展的与日俱进，人们永远不知道明天会被哪个微小的创意颠覆生活。创新意识可以说是工匠精神中最闪亮的明珠。只有富有创新精神的工匠才能在新事物尚未萌发的时候洞察到其发展潜力和未来的价值，催生新的技术和产品。无论从事什么工作，没有创新，就只会是一个因循守旧的"工匠"，永远不会进步。

在工业 4.0 时代，消费者的需求日益个性化和品质化，没有创意的制造业将会失去生命力，创新意识和创新能力是工匠精神不可缺少的要素。两院院士、"两弹一星"元勋王大珩曾表示，各行业的各生产环节的劳动者最有条件、有能力以创新破解所面对的技术难题，成为推动物质生产全过程、全方位的原动力。这种发轫于全体劳动者的创新原动力，是未来我国先进生产力的基础和重要构成。

二、新时代工匠精神培育的现状和目标

（一）新时代工匠精神培育的现状

新时代工匠精神培育对国家发展、社会进步和劳动者个人发展都有着非常重要的作用。21 世纪复兴中国梦的实现离不开劳动者的努力奋斗，中国特色社会主义事业的重要建设者就是劳动人民。近几年国家在政策方面进行了积极引导，拍摄了《大国工匠》系列宣传片，学校也从课程上着手，让即将步入劳动岗位的学生意识到工匠精神的重要性。工匠精神在培育上取得了一些显著成效，但是培育效果还不是特别的理想，仍然存在一些不足之处，还需要我们进一步去完善。

1. 新时代工匠精神培育取得的成效

（1）国家对工匠精神培养的重视程度不断提高

党和国家高度重视劳动者工匠精神的培育工作。党的十九大明确指出，要致力于培养知识型、技能型、创新型的高素质劳动者，以劳模精神和工匠精神引领社会风尚，形成精益求精的敬业风气。2016 年，工匠精神首次提升到国家战略层面；2017 年，国家再次强调要大力弘扬工匠精神，厚植工匠文化，恪尽

职业操守，崇尚精益求精，培育众多"中国工匠"，打造更多享誉世界的"中国品牌"，推动中国经济进入质量时代。

（2）社会推崇匠人匠心榜样的风尚正逐步形成

不同的时代会有不同的社会风气，21世纪工匠精神的养成和培育都离不开时代环境，要营造推崇工匠精神的社会环境。社会即学校，生活就是教育。当下的社会环境正在潜移默化、悄无声息地影响着劳动者的思想方向和行为能力。"工匠精神"这几个字多次被政府强调，是国家发展战略的重中之重，各类以"工匠精神"为主题的综艺节目和短视频也犹如雨后春笋般大量涌出。《大国工匠》向社会群众展示了一群国家科技行业的顶级技工。古话讲"三百六十行，行行出状元"，他们没有接受过正规的高等教育，但凭借自己的精湛技术和精益求精的工匠精神，成功地掌握了行业内最先进的技术，成为非常有社会价值的劳动创造者。节目通过报道他们在追逐梦想的过程当中勇于创新、不怕困难、坚持不懈地努力，让观众能更加深刻地感受到普通劳动者的匠人精神和劳动之美。纪实体验类节目《百心百匠》《非凡匠心》则是把目光聚焦于传统制造业的手艺人。透过节目，我们可以感受到手艺人对自己行业的那一份执着、那一份热爱和刻苦钻研的精神。我们在积极探索劳动者的工匠精神的同时，也应该积极探索其他优秀民族精神、社会主义核心价值观与我国思想政治教育的具体联系，注重事物发展之间的整体性和联系性，完善工匠精神培育的范围，更好地推动工匠精神培育工作的开展。

（3）劳动者的工匠精神培育意识有所增强

工匠精神虽然说是无形的，但是有着极强的感染效果。这种力量的形成受很多外界因素的影响，其中各行各业的劳动者的主观因素是形成工匠精神的重要原因。现在，国家和社会通过各种手段对工匠精神大力宣传，使得劳动者们也意识到了，要想把工作做好，在同行业内做大做强，就必须要弘扬工匠精神。有很大一部分劳动者在学习和工作中树立了正确的、科学的职业价值观，对未来的职业岗位心存敬意，看重岗位所代表的意义和价值，做到了自我价值和社会价值的统一。

2. 新时代工匠精神培育存在的问题及原因

新时代工匠精神培育虽然已经取得了良好的成效，但是要达到既定的目标还要进一步推进。在劳动者工匠精神培育的具体工作中还存在各种问题，找到问题所在，对新时代工匠精神的培育工作顺利开展很有必要。

（1）工匠精神培育内容有待丰富

新时代工匠精神培育是一个理论与实践结合的过程。在国家层面上，培育政策文件较多，在具体实践过程中还需要细化，具体问题具体分析。在学校层面上，工匠精神培育更多是集中在职业院校。有些职业院校还没有专门的研究工匠精神的机构，还有一些职业院校对劳动者工匠精神的培养课程主要有"职业生涯规划"和"劳动者就业发展指导"，从职业发展的角度引导学生树立正确的职业观，很难深入具体讲解工匠精神，由此可见职业院校工匠精神培育内容不够丰富。

（2）工匠精神的培育体系还需完善

新时代背景下，我国目前对于工匠精神的培育体系还不够完善，企业、职业院校与劳动者都需要完善的培育体系。从社会大环境来看，市场经济是一把双刃剑。目前，一些技术人员薪资低、地位低；市场上假冒伪劣产品、山寨产品层出不穷；劳动者的职业得不到尊重与重视；人们认为职业教育是学习不好、上不了好大学的人迫于无奈，为了解决就业问题才选择的低等教育，这种学校毕业的孩子也都是社会底层人才；职业院校学生在毕业后，能够录用他们的一般都是中小型的企业，并且是技术含量比较低的岗位。而相比之下，很多重点院校的毕业生可以轻松跻身大公司甚至世界500强企业之列。同时，目前保护劳动者权益的法律和企业用工的制度都不完善。就是因为这些制度的不完善，往往会淹没一大批敢于创新的工人，他们会在现在这种大环境的影响下抛弃原来种下的那种匠人思想。这肯定会影响很大一部分的工人对于工匠精神的追求，所以新时代的工匠要培育这种精神就必须有国家和政府等有关部门出台相应的制度和法律法规来帮助与扶持。

（3）工匠精神培育方法需增加创新性

培养新时代的工匠精神，是一项必须落实，而且要根据时代的发展不断变更落实方法的工作。就现在这种情况来看，对工匠精神的培养还没有形成一个完整的体系，也没有创新。虽然在《大国工匠》系列宣传片的镜头下我们也近距离感受到我们国家的隧道爆破工、特高压带电检修工、火箭燃料的"雕刻师"等"大国工匠"的了不起；但也容易误解：工匠精神好像只与那些制造业的工人们有关系，别的行业不需要这样的精神。特别是有的人会认为自己不会从事制造业工作，没必要培养这种精神。学校对学生工匠精神的培养确实是很重要的，企业的文化和氛围对工匠精神培养也非常重要。如果一个企业的老员工都有着这种精神，新来的毕业生也会受到老员工的影响，自然而然地照着老员工的样子学；但是如果老员工都没有这种精神，那么就更没有办法要求新人了。

所以，企业本身也要宣传和灌输这种精神，老带新，才是最好的传承方法。在这个基础之上，也可以不断开发创新别的方法来培育工匠精神。

（4）工匠精神培育效果有待加强

工匠精神培育工作虽然已经展开了，但是由于受不良因素的影响，目前培育的效果还不够理想。

一是一些劳动者还没有形成正确的职业观和就业观，缺乏责任感。其实每一位劳动者的职业价值观都和他自身这么多年的经历有着很大的关系，和能力水平以及对未来职业的理想息息相关。个人的性格也会影响到他们的职业选择。一些劳动者的价值观、职业观受经济全球化和不良思潮的影响，行事风格更趋于实际，价值观呈多元化发展。具体表现在对职业素养的理解不到位：他们在选择工作的时候，可能只愿意去选择高薪的职业，并不会合理地分析自己的能力是否能胜任这个工作，是否适合这个工作。这样肯定会影响劳动者在工作中的具体表现。

二是在工匠精神培育工作中，一些劳动者没有养成自我学习的良好观念，缺乏自我学习的良好习惯和自律能力。在具体的工作中，能力不足会影响劳动者发挥主观能动性和工匠精神培育的效果。一些劳动者受到不良因素的影响，会产生急功近利的思想，只追求实用知识，忽视素质教育。如果劳动者接受培训是为了应付考试，或者为了一个证书，往往是机械式和应付式的学习。这就导致劳动者专业能力不足。自控能力差的同时又不能很好地做到知行合一，就会导致学业不专，本领不强，从而导致敬业、乐业观念较弱。

三是工匠精神的培育缺少实际的锻炼机会。劳动者在对工匠精神有了一定的了解之后，还需要在日常的实践工作中不断体会、不断理解，把工匠精神刻画到自己脑袋中，内化到自己的心中。当把这些工匠精神的认知真正的全面落实到了日常行为和日常工作当中，要求便也变得更加具体，更加细致入微。因为每个人所学习的专业不同，实践的方向也会大不相同，所以工匠精神培育的前提就是从根本上认识到工匠精神的主旨，但是最终的落脚点还是在日常行为和平时工作实践当中。目前，在各个招聘单位，对劳动者的技能要求也都是越来越高。现在，学生的理论知识丰富，但是动手能力和操作能力非常薄弱。这种情况导致的后果就是，这些学生毕业后在未来的就业大潮中情况堪忧。职业院校的工匠精神培育光靠理论知识的灌输是远远不够的，在教学中应当大量增加学生实践操作、实训实习的机会，无论是对学生毕业以后的就业选择，还是对学生的工匠精神培育都是十分必要的。

（二）新时代工匠精神的培育目标

1. 心怀梦想，做不忘初心的"追梦人"

每个工匠的心里都有一个梦想，那是一个不可磨灭的目标，就是能够在自己擅长的领域内做到更好、做到最好。工匠们也会为了这个梦想坚持不懈地努力，将这个梦想作为人生的信仰和支柱。新时代的工匠精神要培育心中怀有梦想，而且不忘初心的"追梦人"。每一个普通的员工，不管自己在什么岗位，都要给自己定一个长远的目标，并且要持之以恒、坚持不懈，一步一个脚印，认真地走出一条匠人之路。

首先，要明确自己的目标。在职场中，如果要想成为自身非常有价值的员工，就必须明确自己的发展目标和工作目标，在追求一个目标时，先列出一个详细的计划，想好要做什么、具体怎么做、做出什么样的成果、设定什么时间完成。其次，遇到困难不退缩。很多年轻人刚进入职场时满腔抱负，给自己设定了很多目标，然而过了一段时间后，便疲于应对、甘于平庸，所以不能忘记自己最初的追梦心。在坚持梦想的过程中，往往会经历很多的磨难，很多时候一开始并不顺利，这个时候就需要克服浮躁情绪，对目标有耐心，避免过早放弃，才能练就匠心思维。再次，把梦想当作信仰来付诸努力。从自己的兴趣和企业的发展环境和趋势出发，在工作中要学会保持积极乐观的心态，尤其要脚踏实地，从小事做起，踏踏实实，一步一个脚印地学习和历练。最后，要把工匠精神渗入工作当中。很多员工在一个岗位上兢兢业业工作了很久之后，依然没有得到晋升或者没有被认可，这不是因为领导不赏识你，也不是因为别人看不到你的努力，真正的原因在于你的意识里没有"工匠"二字，选你所爱是"匠心"，爱你所选也是"匠心"。

2. 铭记责任，做爱岗敬业的"道德人"

工作的本质就是不断地进取，并且不断地发现问题、解决问题的一个过程，责任其实就是我们对待工作的一个态度，做好自己应该做的，这就是本职工作。在这个过程当中，每一个员工都应该具备积极主动发现问题并且解决问题的态度，并且能够发现问题。不管自己是什么职位，哪怕只是一个小小的员工都要把自己的工作当作重要的工作。只有把每一件小事都做到最好，才能够成就大事，所以在工匠精神的领域中，每一个人无论是什么职位、手里有多大的权力，都必须做好每一件小事，并且要敢于担当，不能抱有侥幸的心理，遇到问题也不能逃避，应该有敬业的责任态度。

在工匠的眼中，爱岗敬业不是别人对他的一种要求，更不是一种标准，而是他自己想要达到的能力，他不需要别人的监督就能全身心地投入工作当中。我们要想做到爱岗敬业，必须先杜绝敷衍了事，在工作上一心一意、脚踏实地，才能走得更远。现在，职场生存压力不断加剧，我们努力做好自己的工作，在工作上用心，并且在待人处事上用心，就可以避免职场压力带来的不良情绪。不抱怨工作和社会，努力做好自己，做好工作才是长久的生存之道。抱怨只能解决一时的心里不痛快，然后还是要面对；与其把时间用来抱怨，还不如用来好好工作，让自己喜欢上自己的工作，真正地做到干一行爱一行，并且努力做到干一行精一行。

3. 精益求精，做追求卓越的"技术人"

在平淡的工作中，依然有着不平凡的人。工匠能够把一件平淡无奇的小事努力做到极致，并且能够日复一日地坚持着，探索高标准。在发现问题之后还需要去解决问题，并且在众多方案中选择一个最佳解决方案，精益求精、细心研究、认真琢磨，才能把平凡的事情做到极致、做到非凡。要做到精益求精还需要紧盯前沿，培养良好的自我认知能力，不断突破个人瓶颈，努力去追求完美。

4. 合作共赢，做道技合一的"职业人"

任何一个工匠，纵使有高超的技能和本领，只要他身在企业，他就离不开团队。真正的工匠精神，并不只是一个人的单打独斗，而是一群人的团结与互相帮助，才能把事情做好。所以说，劳动者需要有高度的团结意识。当自己身在一个团队大家庭当中时，做任何事情都要考虑到整个团队的荣辱，所做的一切也要以团队的利益为中心，这就是一种非常优秀的团队精神。一个企业能够顺利发展，并且越做越强，不仅仅是依靠着公司强大的先进设备和每一位高级管理人员，更需要一支拥有着高超的技能的职工队伍。真正的工匠对产品的品质做到高标准、严要求的同时，还能把技艺传承给后人，并且带动身边的人不断进取，使产品在市场上创造更大的效益。新时代的工匠需要德才兼备、道技合一，拥有卓越的技术是当代劳动者安身立命的根本，但是精神方面也要主动培育工匠精神，还需要有大德，这样才能成为真正的工匠。

第二节　新时代工匠精神的内涵及特征与培育的内在逻辑

强国梦背景下工匠精神的弘扬具有重要的时代意义和历史价值。近些年来，随着我国科技的进步，我们已经摆脱了制造业的瓶颈，从最初的去欧美发达国家购买日用品到现在国产品牌质量的提升，国人更喜欢国产品牌。这让我们不得不感叹，这正是工匠精神在各个行业的体现。

从我国发展趋势来看，我国的龙头企业追求精益求精，秉持工匠精神，培养了大批的高精尖技术型人才，并且制造了让国人用得放心、用得舒心的产品。以格力公司为例，格力空调产品已经可以与欧美的产品进行竞争。

社会主义核心价值观赋予了工匠精神新的价值意蕴，是推动中华民族伟大复兴中国梦的实现以及社会良好风尚的形成和发展的重要保障。新时代背景下的工匠精神具有什么内涵及特征，其培育又有什么样的内在逻辑，是本节要探讨的具体内容。

一、新时代工匠精神的内涵及特征

（一）新时代工匠精神的内涵

工匠精神是"工匠"的深化与发展。从古至今，从古代的木匠、鞋匠、泥瓦匠到现代的电工、焊工等各行各业的技术工人，"工匠"的内容和种类不断变化，身上体现出的气质则得到传承。这种气质经历了"劳心者治人，劳力者治于人"的落后时代，迎来了"劳动光荣"的工业4.0时代。

工匠精神是一种敬业乐业的精神。敬业乐业的前提是对自身职业和工作的高度认同。从历史上看，工匠对自己的职业都是高度认同的，将之作为安身立命的根本。这其中自然有生活本身需要的原因。依靠自己的一技之长立足于社会、养家糊口，这当然是第一位的事情，是认同的基础。同时，他的认同更在于工匠对自身特长和技能的自豪感。旧社会某理发馆有一副对联很能说明这一点："虽是毫末技艺，却是顶上功夫。"这里"毫末"和"顶上"当然是双关语，直接意指头发和头顶；但也另外有价值评价的含义，是对自身技能的肯定和自豪。工匠的技艺往往是家族传承的，是一种"祖传"技艺，在具有家族意识和祖先崇拜传统的中国又有了另一种更深刻的社会意义，成为工匠对自身技艺和职业认同的深刻原因。此外，工匠在通过自己的劳动为他人服务的过程中，也得到一种自豪感和心理的满足，这对职业认同起着支撑作用。总之，工匠们不仅把工作当作挣钱养家的途径，而且当作一种事业、一种文化来传承，这就是一种高度的认同。在这样的职业认同基础上就能做到敬业和乐业。敬业是指对自身职业和工作有一种敬畏之心，甚至有一种使命感和神圣感。不是把职业当作工具，而是当作目的本身，坚信自己的职业和工作具有不平凡的价值，并以恭敬的态度来对待它。这里就不仅是职业态度问题，而且包含着职业理想和信念的成分。乐业则是以职业和工作为快乐的源泉，不以工作为苦，而是从平凡的工作中得到生活和创作的乐趣。孔子说过："好之者不如乐之者。"说明以此为乐的人，比单纯爱好的人境界还要高些。

因此，新时代工匠精神最基本的内涵是精益求精、持之以恒、爱岗敬业和守正创新，而其内涵又可以解构为"匠心""匠术""匠德"三方面。

（二）新时代工匠精神的特征

1. 民族性

放眼望去，在全球能够长期生存下来的企业，都具有一个相同的特点，那就是在这个企业里一定传承着工匠精神。中国的工匠文化是非常深厚而悠久的，中国的工匠精神也拥有着很多民族特质。历史上，中国对历代能工巧匠给予了高度评价，如历史传说中的黄道婆、庖丁、鲁班、欧冶子等。新时代的中国工匠精神一直吸取着中国传统工匠那种物我合一和德艺兼修的精神，而且要把这种精神不断发扬光大并且一直传承下去。在古代，工匠有很多种类，被称为"百工"。这个"百工"并不是具体指一百种领域的工人，而是一个笼统的概念，就是各行各业的工人。

2. 人民性

2013年五一国际劳动节前夕，习近平总书记在全国劳动模范代表座谈会上指出：人民创造历史，劳动开创未来。实现我们的奋斗目标，开创我们的美好未来，必须紧紧依靠人民、始终为了人民，必须依靠辛勤劳动、诚实劳动、创造性劳动。劳动具有创造历史的魔力，而这种创造历史的过程需要每个人的参与，这就体现了劳动作为一种实践活动的人民性。唯物史观第一次正确评价了人民群众在社会历史发展中的创造主体地位，指出历史的发源地"在尘世的粗糙的物质生产中"而不是"在天上的云雾中"。人类社会存在与发展的第一个前提是：人们为了能够生活，首先就需要衣、食、住以及其他东西。因此，第一个历史活动就是生产满足这些需要的资料，即生产物质生活本身。而且，这是人们从几千年前直到今天单是为了维持生活就必须每日从事的历史活动，是一切历史的基本条件。

同时，工匠精神是一种生命状态和工作状态。这表现在劳动者对于自己专业的学习、钻研和掌握，对自己工作的忠诚、专注和认真，对自己工作意义和价值的整体认知。工匠精神的养成是一个长期的磨炼和沉淀过程，需要意志和坚持。因此，需要劳动者发挥主体性、自觉性和能动性，需要劳动者对于自己的职业始终如一、持之以恒，百折不挠地坚持到底。工匠精神的终极表达是人的自由全面发展，其内核是人的主体性。人的主体性是人作为活动主体的质的规定性，是在与客体相互作用中得到发展的人的自觉、自主、能动和创造的特性。主体性是人性的精华，体现了人超越物质化生存的能力和意志。有主体性的人，能够运用理性，按照目标、规划和蓝图来指导自身实践，以改造客观世界，实现自身目的。在主体的对象化活动中自觉实现人的目的，在客体改变了的形态中确证主体的本质力量，同时使主体本身得到全面、自由的发展，才算真正证明了自己的主体性。因此，人的主体性的程度具体到某一社会实践领域中，体现为人的知识、能力和道德素养发展的综合水平，以及运用理性改造客观世界的能力。人的主体性的获得是一个循序渐进的过程，是一个由觉醒到奋进、由自在到自为的过程。主体性的发挥程度就是人的发展程度。工匠精神本质上是人类运用理性的结果，主体性越强的人，越善于利用理性来调整自己的行为和手段，以实现自己的目标。因此，工匠精神的养成需要劳动者主体性的自觉和苏醒，而人的主体性的发展则体现了人的自由全面发展理念，即体现了工匠精神的人民性。

二、新时代工匠精神培育的内在逻辑

新时代工匠精神的培育离不开职业价值观、职业人生观的形成基础，而精神的培育更是要建立在职业精神的内核之上，从而形成具体的内涵。

（一）工匠精神培育的历史逻辑

工匠精神里包含着最本质、最原始的文化基因，是国家和民族非常宝贵的精神财富。不管是东方还是西方，工匠精神都与本国的历史文化息息相关，有着密不可分的关系，根据各国条件的不同从而形成了各个国家独特的工匠文化。工匠精神在历经文化的打磨与时代飞速发展的变化之后，历久弥坚，愈加彰显出其深刻而广泛的时代意义与时代价值，是国家与民族宝贵的精神财富。

我国历史上并没有直接出现"工匠精神"这一词语，但其所包含的伦理及内涵古已有之。我们华夏大地拥有着悠久的文明，中华文化源远流长、博大精深，蕴藏着丰富的工匠伦理思想文化。比如早期神话里工匠的溯源、先秦时期的工匠、封建王朝时期的工匠记载等，都为我国工匠精神的培育提供了历史依据和逻辑依据。而在西方国家工匠精神同样得到重视和推崇。工匠精神在日本被称为"职人精神"，在德国被称为"劳动精神"，在美国被称为"职业精神"。虽然叫法不太相同，但含义却十分相近，这些精神都具有严谨、细致、专注、精益、创新等共同的特点。因此，工匠精神的培育是有一定的历史逻辑的。

（二）工匠精神的生成机理

物质与意识或存在与精神是辩证唯物主义的一对基本哲学范畴。于物质或存在的基本观点，人们产生了世界观、价值观和人生观。个体是在基本的人生观基础上，再产生人际观、社会观、国家观等。因此，当一个人的人生观、价值观映射在其职业之上时，就形成了这个人对自己职业的观念。在一个人形成自己的职业观念之后，进一步对自己的职业进行深入挖掘就会逐步聚焦于职业的核心精神内容，也就是工匠精神，并且逐渐形成敬业乐业、专注专一、精益求精的职业品质，具体就会体现在匠心、匠术、匠德的三重维度上。

一个人对职业的认识和认同取决于其人生观的养成，只有具备向上的人生观，进而形成积极的劳动价值观，个体才有可能对自己的职业有成熟、全面和理性、清晰的认识。价值创造离不开劳动，而幸福的获得也离不开劳动。因此，对于不同行业、不同职业和不同岗位中的劳动价值或者说幸福指数要有相对客观的认识和判断，这样才能对自己的行业、职业和岗位有认同感和接受度，然后才会对自己所从事的岗位、职业、行业有一定的价值荣誉感和职业满意度。基于这种价值观就会产生一种精神，这是一种对于自己职业、行业和岗位的价值凝练，也是一种工作状态，也就是工匠精神。

个体的人生观决定了个体对于行业的认知，而这种认知又影响了工匠精神。工匠精神包括对于这份职业的态度、品格和理想三个螺旋上升的结构和层次。个体对职业的喜爱程度决定了其对自己职业的责任感，而责任感又决定了其在职业中的专注程度。只有喜爱，才会具有责任心；只有具备责任心，才会专注于这项工作；而专注于这项工作，才能具备认真的态度；有了认真的态度，才会注重细节、注意程序，做到敬业和细致；在敬业的基础上，才能把时间、精力投入工作之中，也就是实现了从匠心到匠术再到匠德的三个层次。这样就能在从事行业、职业的过程中真正体现工匠精神，而个体就会激发出超越别人的勇气和毅力，也会催生出真正的追求卓越的工匠精神。

工匠精神始于人生观，体现在工匠的态度、品格、理想方面，是环环相扣、层层递进的过程。所以在看待工匠精神的时候不能割裂地单独去看，而是要整体全面地看待，去溯源、解构工匠精神，从而才能对工匠精神的培育有更加清晰的逻辑理路。

（三）新时代工匠精神培育的逻辑起点

新时代工匠精神的培育需要以人为本，关注人的主体价值，倾力培养"工匠之师"，把恪守、精益、卓越和创新等珍贵品质融入职业教育之中，帮助准职业人追求自我价值的实现，进而满足产业需要，促进国家发展。

"工匠精神"的培养需要建立在个人的主体价值之上，一切从人出发、以人为本，否则职业教育就会成为舍勒所言的"人之为物"的教育，而将人的"生命价值隶属于有用价值"。寻求现实利益的劳动者，在职业过程中是无法去谈及超越、创新和自我价值的实现的。所以，职业教育必须回归到育人的初心之上，关注教育的目的和教育的幸福感以及获得感，在奠基技术技能的基础之上，也要进行文化的熏陶和着眼于软技能的养成，这样才可能培育出优质的工匠型人才。

劳动者如果都想要通过自己的思维和能力，来建设社会和改造社会，那么就一定要能够实现自我主宰、自我规范和自我创造，不能随性而来，要有所约束。心中时刻有着这个目标，并且一直朝着这个目标而努力，不能够半路放弃和拐弯，坚持到最后就一定能够成功。不论是一个企业还是一种技术，他们的发展和今后的走向，都与创始人自身所拥有的这种精神密不可分，有着绝对的关系。日本著名企业家稻盛和夫认为，纯粹的心灵对于人生和工作至关重要，要把工作当作修行。让这种精神力量不断升华和提炼，就会成为支持科技发展的动力和力量。对于现在社会上这种职业院校来说，更应该树立正确的价值观，在为国家培养人才的同时，更要注重人才的德育，只有拥有良好的德行和品质，才能真正地造福于社会，利于人民。所谓"制器"更要"育德"，要把这种精神真正落实到职业院校，成为职业院校教学的重要精神导向，培养出具有主动性、能动性，并且能够乐观积极地对待工作，无论工作压力的大小、工作任务的轻重和缓急，都能认真对待的人。只有这样，教育的价值才能得到真正的发挥，社会的服务价值与个体的人生幸福目标才能完美地结合起来，新时代工匠精神才能够得到真正意义上的树立和培育。

（四）新时代工匠精神培育的逻辑框架

1. 培育内容

工匠精神是技术技能人才的培养目标，其概念中涵盖品德素养、技能知识等全部要素，即前文所述的"匠心""匠术""匠德"。匠心是工匠精神之基，匠术是工匠精神之本，匠德是工匠精神之魂。匠心的萌发孕育了匠术与匠德，匠术与匠德的精进又滋养着匠心。由于技术与品德是可以通过外界的教育环境直接干预和影响的，所以工匠精神培育的核心内容便是匠术与匠德，即"技"

与"德"。对于具备工匠精神的技术技能人才的关键要求便是"技"与"德"的统一。新时代工匠精神培育的根本任务就是培养"德技并修"的人才。一方面，要将道德教育和精神培育作为培养技术技能人才的重要内容，将工匠精神内植于心；另一方面，要将工匠精神的培育付诸具体的技术技能操作过程和实践，将工匠精神落到实处。总之，只有实现"德"与"技"的有机统一，才能使工匠精神"内化于心、外化于行"。

2. 培育手段

工匠精神的培育手段是指在工匠精神培育过程中所利用的具体的方式方法。新时代工匠精神培育的手段主要是打造涵盖"课程、实践、创新"三方面的教学平台。教育课程平台围绕工匠精神的内核设置适应技术技能人才个性发展的培养方案和基础平台课程，注重理论知识学习和实践技能训练的衔接，打造特色课程体系；技能实践平台以强化工匠精神、培养匠心文化为目标，从组织、资金、场所三方面创造良好条件；创新活动平台开展创新教育、培养创新能力，通过创新精神的引领，实现工匠精神的培育。工匠精神培育要依托"教育课程平台""技能实践平台""创新活动平台"，并将其作为重要的抓手和手段，激发学生的学习积极性和创新思维，实现从课程基础到实践提升，再到创新升华的量变到质变的飞跃过程。其中，技能实践平台是沟通学生在校学习与企业实践的桥梁，必须强化"校企合作、工学结合"的育人模式。与国外相比，我国"学校和企业合作、工学结合"的职业教育历程比较短，在政府的大力支持下，大多数职业院校开展了多种形式的"校企合作、工学结合"教育，形成了具有中国特色的教育模式。"产学研合作"教育体系充分利用了学校和企业的优势资源。一方面，公司应该向学生提供一定金额的奖学金、良好的培训资源和其他所需要的资源，并定期派遣员工到学校接受进一步的理论培训；另一方面，公司也可以选择优秀的"员工"在学校为学生们讲课或提供实践培训建议。学校和公司在人才培养方面的密切合作将更好地促进工匠精神的培养。

第三节　以"工匠精神"为引领，促进职业院校 "双师型"教师队伍建设

《国务院关于印发国家职业教育改革实施方案的通知》（国发〔2019〕4号）提出到2022年，"双师型"教师占专业课教师总数超过一半。2020年12月，习近平总书记强调"各级党委和政府要高度重视技能人才工作，大力弘扬劳模精神、劳动精神、工匠精神"。因此，应以"工匠精神"为引领，发挥政府、社会和学校职责，三位一体做好"双师型"教师队伍建设，为高质量职业教育保驾护航。

一、政府的角色与职责

以"工匠精神"为引领，打造21世纪职业院校"双师型"教师队伍，政府是最重要一环，应发挥其优势，尽其职责，做好以下几个方面的工作。

（一）制度政策的指导作用

在我国经济社会各项事业发展中，制度政策一直扮演着重要指导作用，如党的指导思想和五年规划就是其典型代表。在职业教育领域，近年来，教育部等相关部门印发了一系列关于职业院校"双师型"教师队伍建设的政策文件，如《深化新时代职业教育"双师型"教师队伍建设改革实施方案》等文件。但是，仔细研究这些政策文件内容，发现其中很少涉及以"工匠精神"为引领的职业院校"双师型"教师队伍建设，这与新时代习近平总书记倡导的大力弘扬"工匠精神"不相符，和《国家职业教育改革实施方案》（职教二十条）"双师型"教师队伍建设要求也存在巨大差距。因此，在新时代，以习近平总书记关于"工匠精神"的观点为指导，依据职教二十条具体内容，在国家和政策层面出台职业院校"双师型"教师队伍建设的制度政策文件中融入"工匠精神"内容是非常必要的；在健全制度政策基础上，指导各地方教育部门根据地方职业院校实际情况，出台更加具体的融入"工匠精神"的职业院校"双师型"教师队伍建设方案，以指导各地区职业院校"双师型"教师队伍建设，发挥其指导

作用。

（二）舆论宣传的引领作用

国家制度政策要真正地落到实处，必须切实深入人民的心田，发挥其潜移默化作用，因此，做好舆论宣传极其重要，社会实践一再证明了这一点。各级政府出台的融合了"工匠精神"的职业院校"双师型"教师队伍建设的制度与政策，要真正起到指导作用，必须借助媒体舆论，使其制度与政策深入职业院校师生和社会各界心灵深处，引领其思想和行动。因此，各级政府部门，尤其是负责职业教育的有关部门，首先，在思想上就要意识到做好舆论宣传是非常重要的；其次，各级政府要通过各种渠道，比如电视、报纸和如今盛行的网络自媒体等，在社会各个层面做好舆论宣传，尽量使更多人知道；最后，各级政府在做好舆论宣传工作的同时，还要求各地方职业院校在校园内开展"工匠精神"的"双师型"教师队伍建设宣传，尤其是强调以"工匠精神"为指导，打造"双师型"教师队伍的重要性、具体内容和激励举措等。如果能发挥舆论宣传的引领作用，必将促进职业院校的"工匠精神"的"双师型"教师队伍建设。

（三）资金扶持的激励作用

在马克思经典文献中，一再强调的一个理论观点就是经济是事业的基础，是保证事业最终成功的支柱。在我国社会主义事业建设中始终要求"发展是硬道理"，要抓好经济建设，这是中国人民幸福和中华民族伟大复兴的根本保障。在以"工匠精神"为引领的职业院校"双师型"教师队伍建设中，政府资金扶持具有不可替代的重要作用。一般而言，各级政府要做好以下几个方面的工作。一是设立"工匠精神"教师队伍建设专项资金，以扶持职业院校"双师型"教师队伍建设，从集体层面激励职业院校抓好其"工匠精神"的"双师型"队伍建设；二是对于在以"工匠精神"为引领的职业院校"双师型"教师队伍建设中取得突出成绩的学生、教师和企业工匠大师给予适当的资金奖励，从个体层面激励相关个人成为"工匠型"人物，推动相关个人成为"工匠精神"师资。总之，政府掌握着钱袋，在以"工匠精神"为引领的职业院校"双师型"教师队伍建设中，发挥其资金激励作用，是非常重要的。

二、社会的角色与职责

在以"工匠精神"为引领的职业院校"双师型"教师队伍建设中，社会各界在其中的角色与职责也非常重要，集中表现在以下这些方面。

（一）输送"工匠人才"是重要基础

在职业院校，打造以"工匠精神"为引领的"双师型"教师队伍，其首要的基础是要有"工匠人才"。这种人才隐藏在社会各行各业中，从事各自岗位工作，是本单位的中坚人才，待遇和地位都很不错，很难进入职业院校从事教师工作。在这种情况下，就需要社会企事业单位领导和技术大师有社会奉献精神，从社会教育大局着想，在自身许可范围内，为职业院校的"工匠精神"师资队伍建设贡献力量。一方面，企事业组织要转变观念。传统上社会企事业组织，尤其是企业等认为，企业是营利性社会组织，在社会经济活动中，遵纪守法，做好企业经营工作，为员工谋福利就行了，这种观念比较狭隘。社会企事业组织还要有社会担当，参与社会其他事业建设。另一方面，企业经营和学校人才培养是紧密联系的，是相得益彰的。具体来讲就是学校培养高素质人才进入企业，这对企业经营与发展是非常有利的，更能保证企业在市场竞争中取得更大优势地位。因此，从这些方面来讲，社会企事业组织积极向学校输送工匠人才，在促进"双师型"教师队伍建设的同时，对职业院校培养高素质技能人才是非常有帮助的，于人于己都是好事。

（二）提供物质和精神支持是重要保障

所谓"得民心得天下"，在以"工匠精神"为引领的职业院校"双师型"教师队伍建设中，如果能赢得社会大众物质和精神支持，必将取得成功。所谓物质支持，就是社会大众在其能力范围内，积极为职业院校捐助资金和物资等，同时鼓励高中毕业生积极走进具有"工匠精神"的职业院校学习，这对促进职业院校"工匠精神"教师队伍建设具有积极推动。一所职业院校要健康高质量地发展下去，生源是最重要的基础，如果高中毕业生喜欢走进拥有工匠精神的职业院校学习，必将迫使职业院校积极做好以"工匠精神"为引领的教师队伍建设。所谓精神支持，就是社会大众对具有"工匠精神"的教师的认可和宣传，社会各界尊敬具有"工匠精神"的职业院校教师，在日常社会活动中对其表现应有的尊敬。这必将激发职业院校专业教师尽早成为具有"工匠精神"的教师的动力，从而主动以具有"工匠精神"的教师为楷模，努力成为具有"工匠精神"的教师。总之，如果社会各界从物质和精神层面支持职业院校以"工匠精神"为引领的"双师型"教师队伍建设，其成效是非常大的。

（三）欢迎师生进企业是关键

在以"工匠精神"为引领的职业院校"双师型"教师队伍建设中，专业教师走进企业开展专业技术实习是重要的一环，是职业院校新时代"双师型"教师队伍建设的关键一环。其实，这项工作已经在职业院校开始实施了，但是效果不是很理想。原因之一在于职业院校教师深入企业实习不是一件容易的事情，需要企业积极配合和支持。一是真心欢迎职业院校教师到企业实习。职业院校教师由于年龄等原因，许多企业一般不愿意职业院校专业课教师来企业实习，认为其不好管理与安排，所以真心欢迎非常重要。二是职业院校教师来企业实习锻炼，往往在一些无关紧要的岗位上，技术含量不高。可能是一些企业担心技术关键岗位往往涉及企业机密，实习教师离开后企业机密可能外泄，导致企业机密被对手所用，说到底是对职业院校实习教师不信任。对实习教师来讲，如果面临这种困境，其在企业实习就没有多大价值。因此，通过某种切实可行的方式，让实习教师能真正走近关键技术岗位，是非常重要的。三是职业院校教师在企业实习，和什么人在一起实习也是非常重要的。既然要培养具有"工匠精神"的教师，那么和企业工匠人才在一起生活学习就非常重要，企业为实习教师提供大师级技术工匠进行辅导也是非常重要的。总之，关键是企业要努力做到真心欢迎实习教师。

三、学校的角色与职责

在以"工匠精神"为引领的职业院校"双师型"教师队伍建设中，职业院校是直接责任人，要做好以下几个方面的工作。

（一）以"工匠精神"为引领的"双师型"教师理论研究

一是以"工匠精神"为引领的"双师型"教师内涵和特点，包括习近平总书记关于"工匠精神"的论述，政府文件关于"工匠精神"的界定，以及学术界关于"工匠精神"的最新研究成果。二是职业院校以"工匠精神"为引领的"双师型"教师队伍现状及存在问题，包括调查实证和面对面走访调查，以及学者关于其现状及问题的总结。三是打造新时期以"工匠精神"为引领的"双师型"教师队伍的途径与方法，包括政府文件提出的方式方法和学术界研究成果提出的方式方法，以及为相关职业院校打造以"工匠精神"为引领的"双师型"教师队伍的可行途径。总之，理论是实践的先导，是打造以"工匠精神"为引领的"双师型"教师队伍的重要基础，职业院校要做好这方面的理论研究。

（二）打造以"工匠精神"为引领的"双师型"教师队伍方式

在做好理论研究基础上，在实践中打造以"工匠精神"为引领的"双师型"教师队伍，要注意这些方式方法。一是主动从社会企事业单位中引进工匠级大师。一般而言，从社会企事业单位中直接引进这类人才难度比较大，这些人在企业中薪酬肯定比在职业院校中待遇好。但是，这不能代表职业院校就不能从社会企业引进这些人才。从现实可行性来讲，如果难以引进企业工匠人才，可以退而求其次，引进退休的工匠级大师进学校，来充实职业院校"双师型"教师队伍。二是职业院校要积极行动和企业联系，选派优秀中青年专业教师，走进企业技术岗位开展实习锻炼，师从企业工匠级大师，在具体实践中提升专业技术技能，做好产教融合。三是积极引进企业工匠级大师进学校兼职，上文讲过，学校直接引进工匠级大师是非常困难的，但是通过与企业协调，以兼职方式引进企业工匠级大师是非常有可能的。

第二章　职业院校教学质量评价概念界定与 CIPP 评价模式

职业院校往往根据企业行业的人才需求标准自主确定人才培养目标或与企业共同确定培养目标，借助特定的项目训练为主要形式，以校企合作培养方式作为教学载体开展教学，其本质是促使学生掌握相应岗位的技能，提高职业能力和职业素质为目的的教学活动。

第一节　教学质量概念界定

一、教学质量

"质量"一词来源于物理学，是物体所具有的一种物理属性，是物质的量的量度，即物质多少的量度。"质量"一词被引用到管理学中则被理解为某种物质、商品在多大程度上满足使用者的需求，即物品所能达到使用者需要的能力。该词被引用到现代教育中时，指的是教育者通过教育活动来影响受教育者在知识与能力等方面上的提高程度。现阶段，大多数学校普遍采取教学质量的高低来反映一个学校的教学效果甚至办学活动的成败；然而，教学质量往往需要从多方面进行考虑。

综上，结合教学与质量的内涵来定义教学质量的概念，故将教学质量理解为教育者通过开展实验、实训及实习等教学活动从而能够促使学生在知识、能力及应用上提高能力的程度，即教学活动在多大程度上能够满足受教育者的需求，还包括教育者通过实施教学活动后在教学预期目标上的实现情况、方法的改进情况、学生学习成绩的提升情况等。

二、教学质量评价

国内外学者在对教学质量评价的研究过程中提出了许多主张。最早提出"教育评价"的泰勒从教学实施的目的及评价效果的角度将教学质量评价定义为确定课程和大纲的教育目标实际达到程度的过程，这与其提出的关注评价的预期目的的观点具有很大的联系。侯光文在其教育评价概述中对教学质量评价做出解释，指出教学质量评价是根据教学目标对教学过程和结果进行的价值判断，显然其强调评价的标准是教学目标；他还指出教学质量评价的重点是研究教师教学和学生学习的价值过程，可见其强调师生作为教学质量评价的主体。

美国斯坦福评价协作组着眼于评价的诊断与改进作用，指出教学质量评价是对正在实施的方案的一种诊断，更是对已经实施的方案的结果的一种判定，从而对方案做出改进的诊断。得雷斯着眼教学质量评价的决定、判定作用，认为教学质量评价能够决定教学活动的目的、过程及其程序。王翼生着眼于价值，认为教学质量评价是根据一定教育目标和标准，对教育工作做出价值判断并改进教育工作的过程。

通过综合国内外学者对教学质量评价的理解与本文对教学质量的概念界定，笔者尝试对教学质量评价作出以下定义：任何教学质量评价的开展必须依照我国的教育性质、教育方针和政策，从而确立教学目标，即教学质量评价要以教学目标为参照，对教学全过程的实施进行价值判断。教学的全过程包括许多要素，如教学的参与主体、教学内容与方法、相关的学习与操作环境等；进行价值判断不仅需要将教学目标作为参照依据，还需要将教学活动在知识、能力等方面满足受教育者的需求程度纳入考虑范围。总而言之，教学质量评价的意义在于为职业院校提供教学实施情况的反馈，为其提高教学质量提供改进建议。

第二节　CIPP 评价模式

一、CIPP 评价模式的含义

评价是评价者在对评价对象进行调查分析的基础上获得有关客体属性的描述，进而对客体做出价值判断的活动。教学质量评价即对学校（教师）实施的教学活动所对受教育者产生的知识与能力运用等方面影响进行价值判断。在对评价对象进行评价时，不能仅从其产生的直接影响来进行价值判断，越来越多的评价采取多元化、多样化的形式，为的是能够使评价更加全面。

美国"当代教育评价之父"泰勒最早在 1932 年提出了目标评价模式，该理论认为教学质量评价就是教学目标在教学实践中被理解到何种程度的过程，也就是对教学方案进行考查，通过衡量教学活动与预期教学目标的差距来对教学方案进行价值判断。泰勒的目标评价模式是 CIPP 评价模式（决策导向评价模式）的雏形。CIPP 评价模式是由教育评价学者斯塔弗尔比姆（Stufflebeam）首创的评价模式。1966 年，他在泰勒的基础上提出了 CIPP 评价模式，该评价模式的基本观点是：评价最重要的目的不在证明，而是改进。区别于其他评价模式，其评价要素有四个方面，包括背景评价、输入评价、过程评价与成果评价，运用该评价要素作为基础构建评价量表，能够从多维度对评价对象进行价值判断。

CIPP 评价模式亦称决策导向或改良导向评价模式，根据该模式的名称可以知道，决策导向表明该模式重视通过评价来对决策产生引导与导向作用；改良导向表明该模式希望通过评价的反馈从而促进决策的改进。CIPP 即为 Context，Input，Process，Product，分别表示背景、输入、过程、成果。

以 CIPP 评价模式的四个评价要素作为评价体系中的一级构成要素，是基于对 CIPP 评价模式各要素与教学特征的匹配性的考虑。目前，对于教学的评价多以目标达成度及学生就业情况等作为评价标准，可见这些评价方式一定程度上忽视了对教学开展预备条件的评价，忽视了教师教学过程与学生学习过程特征的评价，更加忽视了评价的作用是为了作为一种反馈从而改进教学质量，因此，必须使评价作为政策持续运行的改进工具。

二、CIPP 评价模式的要素

（一）背景评价要素

背景评价指对方案实施的特定环境下的需要及问题等要素进行评价。该评价是为计划决策服务，即根据评价对象的需要对方案的目标做出诊断性评价，如在对职业院校教学质量进行评价时，学校教学计划设置的合理情况、学校教学目标的清晰程度等要素均可被设计为方案实施的背景，从而对这些要素的合理性进行价值判断。

综上，背景评价要素往往指教学方案实施前的预备条件，这些条件多为宏观层面的要素，如学校的办学定位、教师的教学理念、教学目标的情况、课程设置情况及学生的个人学情等。总而言之，对背景要素进行评价有利于方案实施者对开展教学各方面的要素具有清晰的认知。

（二）输入评价要素

输入评价是为组织决策服务，是对所需且可能获取的资源、工具、方法等条件进行评价的要素。该评价要素也称投入评价，是基于背景评价的一种要素评价，即对实施方案背景层面要素的达成度，所需条件、资源等要素进行评价，亦可理解为是对方案实施的可行性要素的评价。评价的重点在于确定方案策略和资源，从资源分类角度来看，投入要素主要可以分为人力、物力与财力三大类，故对方案实施所具备的资源进行评价则可以理解为对实现目标所具备的人力、物力及财力进行可行性判断，如师资队伍的建设情况、教学设施设备的情况及教学活动资金投入情况等。通过对投入要素进行评价能够对方案实施的可行性具有清晰的了解，为教学活动的实施做好准备，以帮助教学实施者在开展教学活动、选择教学方式和策略上作出更客观的决定。

（三）过程评价要素

过程评价为实施决策服务，是对教学活动实施情况的评价。过程评价主要聚焦方案的实施过程，教师在开展教学过程中，通过过程评价可以对整个教学过程实施监督与反馈。教学过程是教学开展的重点环节，其包含的要素来源亦非常广，如教学的内容、方式、管理手段及影响等要素。毋庸置疑，教师与学生是教学过程中的两大主体，在对教学过程进行评价时亦需要将师生之间的反应情况作为一种反馈纳入过程评价中。只有对方案实施过程中的各主体、各要素进行连续不断的监督、检查和反馈，才能对教学活动实施全程进行动态评价，通过对过程要素进行评价从而获取教学活动开展的反馈信息，为教学活动的改进、选取活动开展的策略及师生进一步互相配合提供依据。总而言之，通过对教育方案实行过程情况的评价而获得的反馈信息是为了能够进一步改进教学方案的实施，提高教学有效性。

（四）成果评价要素

成果评价为重复决策服务，是对目标达到程度所做的评价，即方案实施情况与预期目标之间的情况对比。通过比较分析实施结果与预期目标之间的差距，评估和分析教学目标的达成度，是对教学方案实施成果的价值判断，为改进教学方案和实施提供依据。该评价要素区别于一些终结性评价，除了将学生的就业情况与期末成绩等作为教师开展教学的成果，即除了考核教学实施成果与预期目标之间的差距，还会将受教育者在知识与能力等方面的变化纳入评价。该评价还重视通过衡量、分析方案实施成果来确定是否需要对教学方案做出修订，其实质是对教育方案的形成性评价。

三、CIPP 评价模式与教学质量评价的契合性

以 CIPP 评价模式理论框架作为职业院校教学质量评价指标体系建构的重要基础，对指标体系的结构维度具有重要的导向与定位作用。CIPP 评价模式作为国际上具有普遍影响力和广泛适用性的评价理论框架，以该评价模式作为评价体系的理论基础有助于反映职业院校教学质量评价的供需变化、发展动力、发展过程和发展成果。

（一）CIPP 评价模式特点与职业教学要求的契合

基于 CIPP 评价模式的形成性特点与职业院校教学的发展要求，构建职业院校的教学质量评价体系可以选择 CIPP 评价模式作为评价模型。进一步加强职业院校实践育人工作是提高高职教育质量的必然要求。教育教学发展质量的提高是各级各类学校办学过程中不可避免的难题，职业院校要想提高其人才培养的质量，培育出为经济社会发展做贡献的技术技能人才，必须不断提高教学的意识。教学作为实践育人的主要形式，必须不断强化教学环节，调动校内外各办学力量，切实增强实践育人效果。

目前，职业院校具有多种形式的教学课程，而要想具有针对性地提高学生的实践技能与操作能力，还需将多种多样的教学活动与学生所学专业进行契合，从而使学生掌握所学专业所需的专业技能、实践能力，而实践能力的获得是一个不断积累的过程，仅仅用目标的达成程度作为评价标准难免失之偏颇。此外，CIPP 评价模式的最大特点即其对方案有改进反馈作用，各职业院校在运用该评价模式对教学质量进行评价时，可以以模式的"改进""反馈"特点作为教学发展要求的一大动力。教学要改革发展，必须不断对教学方案做出改进，必须依靠教学质量评价的反馈不断改进与完善，而将 CIPP 评价模式的四个步骤贯穿于教学活动全过程，正是希望以其揭示问题、反馈问题的功能特点来促进教学活动的不断完善。所以，CIPP 评价模式作为改进工作和提高教育质量的工具，以其形成性特点、改进方案特点及反馈性特点与职业院校教学质量评价的改进发展要求相契合。

（二）CIPP 评价模式手段与职业教学目的的契合

CIPP 评价模式以四个评价要素为步骤，四个步骤依次采取程序性手段，在评价过程中针对方案实施的不同阶段选取与四个评价要素相符的指标进行不同方面的评价，能够广泛地获取不同评价主体、评价方案不同方面的反馈信息，不断完善实施方案。职业院校教学以实践育人为目的，在提高育人质量的过程中，学校会采取不同的方式来达成目标，如教学计划设计、增加教师企业学习经验、校企共建实训基地、鼓励教师指导学生实践活动及学生实践学习反馈等。职业院校实施教学活动的目的就是想通过教学的育人功能来提升受教育对象的实践操作能力与实践生产能力，从而培养合格的社会主义事业的建设者与接班人；此外，职业院校亦希望从人才培养的实现情况中得到教学实施的反馈信息，从而不断提高教学质量，进一步实现其教育教学目的。

如以 CIPP 评价模式作为评价手段对教学质量展开考查，显然，该模式的每个要素作为评价手段，均可以在不同方面得到教学实施的反馈情况。如在对教学背景要素实施评价后，可以对教学的目标产生预期评价，从而可以在教学投入及过程环节中调整投入资源、改变教学策略，以确保实现预期目标与教学目的。

综上，CIPP 评价模式的四个要素之间具有相互促进、相互影响的作用。人才培养是一个长期的、连续的过程，教学目的的实现亦是一个长期的不间断的过程，以四要素作为步骤采取的程序性手段评价与教学目的的长期性实现过程具有一定的吻合性，故认为 CIPP 评价模式手段能够契合职业教学目的。

第三章　职业院校教学质量评价体系

职业教育在近几年异军突起，显现出强大的生命力。职业教育作为国民教育的一个重要组成部分，在整个教育体系中的位置越来越重要，并为满足我国经济快速发展的需求，培育了大批高技术专业人才。信息技术的迅猛开展、学问的不时更新与我国现代化建立步伐加快的新形势，不只给职业教育的开展带来了大好机遇，也带来了一系列从未遇到的艰难与挑战。树立一个针对职业教育的完好、科学、凸显职业特征的教学质量评价体系，已成为职业教育顺应时代潮流的重要保证。固然我国的职业院校正在积极探究各种评价形式，但在实践过程中依然存在许多需要进一步改良的地方。因而，剖析我国职业教育质量评价体系的现状，对职业教育培育出更多的优秀人才，展示本身开展特征，具有重要意义。

第一节　职业院校教学质量评价体系的构建

一、评价体系的理论构建

本研究在确立第三级构成要素时采取文本分析法对不同的文本进行编码，从而提取并形成节点数较高的三级构成要素；再通过对三级构成要素进行凝练、总结、归纳，从而将现有三级构成要素提炼出相应的二级构成要素，最后形成了四个一级构成要素，即 CIPP 评价模式的四个评价要素，教学背景评价、教学投入评价、教学过程评价、教学成果评价。

二、评价体系构成要素的检验

为了对研究初步选取的评价体系构成要素及其描述进行合理性、科学性的检验，本节的研究重点为通过德尔菲法对选取的构成要素及其描述进行修订。三轮专家咨询问卷构成要素数量见表 3-1 所示。

表 3-1 三轮专家咨询问卷构成要素数量

专家咨询轮数	教师评价问卷			学生评价问卷		
	一级	二级	三级	一级	二级	三级
第一轮	4	16	43	4	9	26
第二轮	4	15	42	4	7	23
第三轮	4	15	42	4	7	23

（一）专家组的确定

根据研究的主题，确定专家组从职业教育工作者、富有经验的职业院校一线教师及企业兼职教师中产生。本研究初步制定的咨询专家名单共有 17 人，17 名专家中来自普通高职院校的有 5 名，职业教育一线教师有 8 名，来自企业的有 4 名。在有效参与专家意见咨询的 17 位专家中，专家的男女性别分别占比为 58.8% 和 41.2%，男女构成比例合理；且有 10 名专家具有 11 年及以上的教龄，表明他们具有相对丰富的实践经验。

（二）第一轮专家咨询结果分析

教师评价问卷共包括 4 个一级构成要素、16 个二级构成要素和 43 个三级构成要素，学生评价问卷共包括 4 个一级构成要素、9 个二级构成要素和 26 个三级构成要素，见表 3-1。

1. 第一轮专家咨询意见集中程度

专家咨询意见的集中程度一般根据指标得分平均值（M）、满分率（K）、中数、众数、标准差、下四分位数（Q-）、上四分位数（Q+）、四分位差（Q+-Q-）和变异系数来体现，具体统计指标范围见表 3-2。

表 3-2 相关统计指标名称及取值范围

统计指标名称	平均值	满分率	中数	众数	标准差	Q-	Q+	四分位差（Q+-Q-）	变异系数
指标范围	>3.5	尽量高	尽量高	尽量高	<1	—	—	0≤（Q+-Q-）≤2	<0.25

（1）教师评价体系

根据专家咨询结果计算出教师评价体系各条目得分均值为 3.94 ～ 4.65 分，满分率在 29.41% ～ 58.82%，中数与众数均以 5 分居多，标准差为 0.40 ～ 1.03，四分位差范围为 0 ～ 2，变异系数为 0.11 ～ 0.24。可见以上数值均达到标准，说明专家对指标的认同度较高，意见较为集中。以下为第一轮专家咨询问卷中教师评价体系的二级、三级构成要素的专家咨询意见集中程度，见表 3-3、表 3-4。

表 3-3　第一轮专家咨询意见集中程度（教师评价体系二级构成要素）

二级构成要素	平均值	满分率	中数	众数	标准差	Q-	Q+	Q+-Q-	集中程度	变异系数
发展定位	4.41	41.18%	4	4	0.51	4	5	1	<1.8（良好）	0.11
培养方案	4.59	58.82%	5	5	0.51	4	5	1	<1.8（良好）	0.11
课程设置	4.47	58.82%	5	5	0.72	4	5	1	<1.8（良好）	0.16
学生参与情况	4.41	58.82%	5	5	0.8	4	5	1	<1.8（良好）	0.18
学生在校成绩	4.06	35.29%	4	4a	0.83	3	5	2	=2（一般）	0.2
学生综合能力与素质	4.29	52.94%	5	5	0.85	4	5	1	<1.8（良好）	0.2

注：a. 存在多个众数，显示了最小的值。

表 3-4　第一轮专家咨询意见集中程度（教师评价体系三级构成要素）

三级构成要素	平均值	满分率	中数	众数	标准差	Q-	Q+	Q+-Q-	集中程度	变异系数
办学定位	4.65	64.71%	5	5	0.49	4	5	1	<1.8（良好）	0.11
办学理念	4.41	41.18%	4	4	0.51	4	5	1	<1.8（良好）	0.11
人才培养规格	4.29	52.94%	5	5	0.92	4	5	1	<1.8（良好）	0.21
实践作品评价	4.65	70.59%	5	5	0.61	4	5	1	<1.8（良好）	0.13
竞赛获奖情况	4.47	58.82%	5	5	0.72	4	5	1	<1.8（良好）	0.16
学生综合能力	4.53	58.82%	5	5	0.62	4	5	1	<1.8（良好）	0.14
学生综合素质	4.47	52.94%	5	5	0.62	4	5	1	<1.8（良好）	0.14

（2）学生评价体系

根据专家咨询结果计算出学生评价体系各条目得分均值为 4.12 ～ 4.76 分，

满分率在29.41%～76.47%，中数与众数均以5分居多，标准差为0.44～0.93，四分位差为0～1.8，变异系数为0.09～0.20。本研究各条目得分均值>3.5分，变异系数<0.25，四分位差<1.8，说明专家对指标的认同度较高，意见较为集中。以下为第一轮专家咨询问卷中学生评价体系的二级、三级构成要素的专家咨询意见集中程度，见表3-5、表3-6。

表3-5　第一轮专家咨询意见集中程度（学生评价体系二级构成要素）

二级构成要素	平均值	满分率	中数	众数	标准差	Q-	Q+	Q+-Q-	集中程度	变异系数
教学理念	4.41	47.06%	4	4a	0.62	4	5	1	<1.8（良好）	0.14
教学品质	4.47	58.82%	5	5	0.72	4	5	1	<1.8（良好）	0.16
指导教师的能力与素质	4.71	76.47%	5	5	0.59	5	5	0	=0（高）	0.12
教学设施设备	4.35	52.94%	5	5	0.79	4	5	1	<1.8（良好）	0.18
教学材料	4.18	35.29%	4	4	0.73	4	5	1	<1.8（良好）	0.17
教学环节	4.41	58.82%	5	5	0.87	4	5	1	<1.8（良好）	0.2
教学管理	4.41	52.94%	5	5	0.8	4	5	1	<1.8（良好）	0.18
教学对学生的影响	4.76	76.47%	5	5	0.44	5	5	0	=0（高）	0.09
学生实践活动学习满意度	4.47	47.06%	4	4	0.51	4	5	1	<1.8（良好）	0.12

注：a.存在多个众数，显示了最小的值。

表3-6　第一轮专家咨询意见集中程度（学生评价体系三级构成要素）

三级构成要素	平均值	满分率	中数	众数	标准差	Q-	Q+	Q+-Q-	集中程度	变异系数
教师的教学理念	4.65	70.59%	5	5	0.61	4	5	1	<1.8（良好）	0.13
学校的教学理念	4.35	58.82%	5	5	0.93	4	5	1	<1.8（良好）	0.21
教师教学敬业精神	4.59	64.71%	5	5	0.62	4	5	1	<1.8（良好）	0.13
实习岗位与专业面向岗位的一致性	4.35	52.94%	5	5	0.79	4	5	1	<1.8（良好）	0.18

2. 第一轮专家意见整理与构成要素修订

（1）专家对教师评价体系的意见整理与修订

①二级构成要素的删除或修改。第一轮专家咨询共有 4 名专家对教师评价体系的二级构成要素提出 6 条详细意见与建议，提出建议的专家占总专家人数的 24%，以下将建议与修订结果简洁列出，见表 3-7。

表 3-7　二级构成要素专家意见整理与修订（教师评价体系）

专家	专家意见、建议	修订结果
专家 A	添加"教学对象"二级构成要素	添加"教学对象情况"二级构成要素
专家 B	"培养方案"与"教学计划"存在交叉重叠现象	删除"培养方案"，将"教学计划"与"课程设置"进行合并
专家 B	添加"教学目标"与"教学内容"两个二级构成要素	教师评价体系中不添加"教学目标"与"教学内容"两个二级构成要素
专家 C	添加"校企合作"二级构成要素	不添加"校企合作"二级构成要素
专家 C	添加"企业认可程度"二级构成要素	添加"企业认可程度"二级构成要素
专家 D	"教学材料"与"设施设备"两个维度不平行，存在交叉重叠部分	修改为"教学设施"与"教学资源"

②三级构成要素的删除或修改。第一轮专家咨询共有 3 名专家对教师评价体系的三级构成要素提出多条详细意见与建议，以下将详细阐述建议与修订结果。由于内容较多，故表格仅简单展示作出修改的三级构成要素而不将修改内容详细列出，见表 3-8。

表 3-8　三级构成要素专家意见整理与修订（教师评价体系）

三级构成要素	所属一级构成要素	修改形式
办学定位		描述修改
办学理念		描述修改
教学计划制订		描述修改
教学方案	教学背景评价	描述修改
课程设置的职业导向		名称修改
教学项目设计		删除
课程安排		名称修改

续表

三级构成要素	所属一级构成要素	修改形式
教师经历	教学投入评价	描述修改
设施设备质量		描述修改
设备利用率		描述修改
设施设备满足教学需求		描述修改
师资队伍经费投入	教学投入评价	描述修改
教学建设经费投入		描述修改
学生活动经费投入		描述修改
教学教材编选		增加观测点
教学管理制度		名称修改
考核方案	教学过程评价	描述修改
考核权重		描述修改
专业基础知识	教学成果评价	新增三级构成要素
专业实践能力		新增三级构成要素
企业相容性		新增三级构成要素

（2）专家对学生评价体系的意见整理与修订

第一轮专家咨询学生评价体系中三级构成要素需要做出修改的有九个，这些三级构成要素主要集中于教学背景评价、教学投入评价及教学过程评价三个一级构成要素。以下为修改建议与结果，见表3-9。

表3-9 三级构成要素专家意见整理与修订（学生评价体系）

三级构成要素	所属一级构成要素	修改形式
教师教学敬业精神	教学背景评价	描述修改
教师教学安全意识	教学背景评价（改前）	描述修改
	教学投入评价（改后）	
指导教师的综合能力	教学投入评价	名称修改
指导教师的综合素质		名称修改
学校对教学设施设备的重视度		描述修改
及时补充实训耗材		描述修改

三级构成要素	所属一级构成要素	修改形式
教学内容		观测点修改
教学总结	教学过程评价	描述修改
教学组织		观测点修改

3. 第一轮专家积极度与权威度

（1）第一轮专家积极程度

第一轮专家咨询的目的在于通过专家的合理评分与具体修改建议对评价体系的构成要素及描述做出进一步的完善。第一轮专家咨询主要通过纸质版问卷、电子邮件及问卷星等多种形式向专家咨询意见，共发放 22 份问卷。在预计时间内共回收问卷 19 份，除去 2 份填写不完整的问卷，共获得有效专家咨询答卷 17 份。故在对专家咨询回收到的评分与意见进行分析时，主要以 17 份有效答卷为主，若填答不完整的两份问卷中提出的相关建议具有较高的合理性，亦会将这些建议作为评价体系构成要素修正的辅助材料。

专家的积极程度一般用问卷的回收率来表示，也就是说，发放的问卷回收得越多，代表专家的积极程度越高。第一轮专家咨询中发出问卷共 22 份，回收有效问卷为 17 份，专家积极系数为 17/22 ≈ 77.3%，表明专家对教学质量评价这一主题比较关注，具有相对较高的参与积极性。

（2）第一轮专家权威程度

专家的权威程度用专家权威系数（C_r）表示，来源于专家的自我评价。专家权威系数由专家对问题的判断依据和专家对问题的熟悉程度两个因素决定。判断依据用 C_a 表示，熟悉程度用 C_s 表示，专家权威系数 $C_r=(C_a+C_s)/2$，一般认为专家权威系数 $C_r \geq 0.7$ 即认为研究结果可靠。根据表 3-10，可知专家对问题的判断依据主要分为四个维度，每个维度分为三种不同影响程度。不同维度的不同影响程度的具体赋值为：直观感觉（0.1、0.1、0.1）、理论分析（0.3、0.2、0.1）、实践经验（0.5、0.4、0.3）、对国内外的相关了解（0.1、0.1、0.1）。

专家对问题的熟悉程度及对应分值有五个层次，分别为：很熟悉（1）、较熟悉（0.8）、一般熟悉（0.5）、不太熟悉（0.2）及很不熟悉（0），见表 3-10。

表 3-10　专家自评量化值

判断依据	影响程度		
	大	中	小
直观感觉	0.1	0.1	0.1
理论分析	0.3	0.2	0.1
实践经验	0.5	0.4	0.3
对国内外的相关了解	0.1	0.1	0.1
专家对调查内容的熟悉程度			

熟悉程度	很熟悉	较熟悉	一般熟悉	不太熟悉	很不熟悉
	1	0.8	0.5	0.2	0

根据专家权威系数 $C_r = (C_a + C_s)/2$，以及第一轮回收问卷的 17 位专家的判断依据 C_a 值及熟悉程度 C_s 值，可以计算出每一名专家权威系数，整个第一轮咨询的专家权威系数 C_r 为所有专家的权威系数的平均值。一般认为专家权威系数大于等于 0.7 即可接受，本研究中专家对每项指标的权威系数平均为 0.83，可见，专家的预测是建立在对指标熟悉且判断多基于实践经验和理论分析基础之上的。

（三）第二轮专家咨询结果分析

由于第二轮咨询邀请的专家已经参加过第一轮咨询，故不再了解专家的基本信息；且专家对题目已经有了进一步的了解，故不再设置专家自评部分。第二轮专家咨询问卷基于第一轮专家的意见做出修改，修改后的教师评价体系具有 15 个二级构成要素和 42 个三级构成要素；学生评价体系具有 7 个二级构成要素和 23 个三级构成要素。

1. 第二轮专家咨询意见集中程度

（1）教师评价体系

第二轮专家咨询教师评价体系（二级构成要素与三级构成要素）各条目得分均值为 4.29 ～ 4.76 分，满分率在 41.18% ～ 82.35%，标准差为 0.44 ～ 0.80，四分位差范围为 0 ～ 1，变异系数为 0.10 ～ 0.18。第二轮专家咨询各统计数据与第一轮咨询结果相比较，整体上各条目得分更加趋向集中。以下为第二轮专家咨询问卷中教师评价体系的二级、三级构成要素的专家咨询意见集中程度，见表 3-11、表 3-12。

表 3-11　第二轮专家咨询意见集中程度（教师评价体系二级构成要素）

二级构成要素	平均值	满分率	中数	众数	标准差	Q-	Q+	Q+-Q-	集中程度	变异系数
发展定位	4.59	58.82%	5	5	0.51	4	5	1	<1.8（良好）	0.11
教学计划（课程计划）	4.53	64.71%	5	5	0.72	4	5	1	<1.8（良好）	0.16
师资队伍建设	4.71	76.47%	5	5	0.59	4.5	5	0.5	<1.8（良好）	0.12
教学设施	4.59	64.71%	5	5	0.62	4	5	1	<1.8（良好）	0.13
教学资源	4.59	58.82%	5	5	0.51	4	5	1	<1.8（良好）	0.11
教学经费	4.47	58.82%	5	5	0.72	4	5	1	<1.8（良好）	0.16
教学制度	4.29	41.18%	4	4	0.69	4	5	1	<1.8（良好）	0.16
教学方法	4.47	47.06%	5	5	0.51	4	5	1	<1.8（良好）	0.12
教学考核	4.65	64.71%	5	5	0.49	4	5	1	<1.8（良好）	0.11
教学监控	4.41	47.06%	4	4a	0.62	4	5	1	<1.8（良好）	0.14
教学改革与创新	4.35	41.18%	4	4	0.61	4	5	1	<1.8（良好）	0.14

注：a. 存在多个众数，显示了最小的值。

表 3-12　第二轮专家咨询意见集中程度（教师评价体系三级构成要素）

三级构成要素	平均值	满分率	中数	众数	标准差	Q-	Q+	Q+-Q-	集中程度	变异系数
办学定位	4.65	64.71%	5	5	0.49	4	5	1	<1.8（良好）	0.11
办学理念	4.41	41.18%	4	4	0.51	4	5	1	<1.8（良好）	0.11
人才培养规格	4.29	52.94%	5	5	0.92	4	5	1	<1.8（良好）	0.21
人才培养模式	4.18	41.18%	4	4	0.81	4	5	1	<1.8（良好）	0.19
人才培养目标	4.29	41.18%	4	4	0.69	4	5	1	<1.8（良好）	0.16
实践课时占比	4.59	64.71%	5	5	0.62	4	5	1	<1.8（良好）	0.13
课程设置的职业导向	4.47	52.94%	5	5	0.62	4	5	1	<1.8（良好）	0.14
课程安排	4.24	35.29%	4	4	0.66	4	5	1	<1.8（良好）	0.16
教学方案	4.47	52.94%	5	5	0.62	4	5	1	<1.8（良好）	0.14
教学计划制订	4.35	58.82%	5	5	0.93	3	4	1	<1.8（良好）	0.21
教学项目设计	4.06	29.41%	4	4	0.83	4	5	1	<1.8（良好）	0.2

（2）学生评价体系

第二轮专家咨询学生评价体系（二级构成要素与三级构成要素）各条目得分均值为 4.24 ～ 4.76 分，满分率在 47.06% ～ 76.47%，标准差为 0.44 ～ 0.83，四分位差范围为 0 ～ 1，变异系数为 0.09 ～ 0.20。总体上看，各构成要素均达到统计数据标准。以下为第二轮专家咨询问卷中学生评价体系的二级、三级构成要素的专家咨询意见集中程度，见表 3-13、表 3-14。

表 3-13　第二轮专家咨询意见集中程度（学生评价体系二级构成要素）

二级构成要素	平均值	满分率	中数	众数	标准差	Q-	Q+	Q+-Q-	集中程度	变异系数
教学理念	4.59	64.71%	5	5	0.62	4	5	1	<1.8（良好）	0.13
教师教学品质	4.53	52.94%	5	5	0.51	4	5	1	<1.8（良好）	0.11
教学设施	4.41	47.06%	4	4a	0.62	4	5	1	<1.8（良好）	0.14
教学资源	4.47	52.94%	5	5	0.62	4	5	1	<1.8（良好）	0.14
教学环节	4.65	70.59%	5	5	0.61	4	5	1	<1.8（良好）	0.13
教学管理	4.59	58.82%	5	5	0.51	4	5	1	<1.8（良好）	0.11
教学对学生的影响	4.47	52.94%	5	5	0.62	4	5	1	<1.8（良好）	0.14

注：a. 存在多个众数，显示了最小的值。

表 3-14　第二轮专家咨询意见集中程度（学生评价体系三级构成要素）

三级构成要素	平均值	满分率	中数	众数	标准差	Q-	Q+	Q+-Q-	集中程度	变异系数
教学态度与观念	4.53	58.82%	5	5	0.62	4	5	1	<1.8（良好）	0.14
教学目标	4.65	64.71%	5	5	0.49	4	5	1	<1.8（良好）	0.11
教师的知识结构	4.59	58.82%	5	5	0.51	4	5	1	<1.8（良好）	0.11
教师的能力素质	4.71	70.59%	5	5	0.47	4	5	1	<1.8（良好）	0.1
教学安全意识	4.59	64.71%	5	5	0.62	4	5	1	<1.8（良好）	0.13
教学敬业精神	4.65	64.71%	5	5	0.49	4	5	1	<1.8（良好）	0.11
教学对学生情感的影响	4.41	47.06%	4	4a	0.62	4	5	1	<1.8（良好）	0.14

注：a. 存在多个众数，显示了最小的值。

2. 第二轮专家意见整理与构成要素修订

第二轮咨询问卷发放了 19 份，共回收 17 份，共有 3 个专家提出了意见，以下将专家修改建议与部分细微修改内容一一列出。

①二级构成要素的删除或修改。在教师评价体系的二级构成要素中，专家没有提出修改建议，但基于研究内容的逻辑性，研究者对其中一个二级构成要素的名称做了修改，即将"学生综合能力与素质"改为"学生综合能力"。素质是在人的先天生理基础上，经过后天教育和社会环境的影响，由知识内化而形成的相对稳定的身体和心理品质，素质的特点是"内隐"的，一定程度上包括了能力这个概念；而能力具有"外显"的特点，且更容易为人所感知、理解和评价，故将该二级构成要素作出以上修改。

②三级构成要素的删除或修改。

第一，对"实训材料充足"的名称做出修改，修改后的名称为"实践教材质量"，因为该构成要素的观测点描述为"实践教材能够满足教学活动需要"，原来的名称与该观测点描述不相匹配，而且原要素名称中的"充足"带有倾向性，故将其改成名词性名称。

第二，对"学校对教学设施设备的重视度"的观测点描述做出了修改，将"注重教学设施设备管理，备有专门管理人员；及时补充、更新设施设备"改为"教学场所配有专门管理人员；及时补充、更新设施设备"。主要变化之处为去掉"注重教学设施设备管理"这一句话，因为后半句中的"及时补充、更新设施设备"即可体现出学校对设施设备管理的关注度。

3. 第二轮专家积极度与权威度

（1）第二轮专家积极程度

第二轮专家咨询问卷的发放，则选择参与了第一轮咨询问卷填答的专家，这样可以确保专家对问卷内容的熟悉程度，也能够确保研究的前后一致性。第二轮专家咨询中发出问卷共 19 份，回收有效问卷为 17 份，专家积极度为 $17/19 \approx 89.5\%$，表明专家对教学质量评价这一主题的关注度在提升，具有较高的参与积极性（见表 3-15）。

表 3-15　两轮咨询问卷专家积极度

专家咨询	问卷发放数量	问卷回收数量	专家积极度
第一轮专家咨询卷	22	17	77.30%
第二轮专家咨询卷	19	17	89.50%

（2）第二轮专家权威程度

同第一轮专家权威程度。

（四）第三轮专家咨询结果分析

根据层次分析法的要求和形式，将本研究中的职业院校教学质量评价体系的相对复杂层次结构进行拆解，形成了两个具有一级、二级、三级构成要素的层级关系表，可以更直观地观察评价体系之间的上下位关系，便于下文对矩阵的构建和权重的计算。

根据层次分析法计算过程，首先，构建职业院校教学质量评价体系的层次结构；其次，构造判断（两两比较）矩阵；再次，层次单排序及其一致性检验，公式如下：$CR=CI/RI$，计算出 $CR < 0.1$，该判断矩阵通过了一致性检验；最后，计算某一层次所有因素对于总目标相对重要性的权值。

1. 构建评价体系层次结构

根据前文初步确定的构成要素构建了下表所示的职业院校教学质量评价体系层次结构表（教师和学生）。教师评价体系包含 4 个一级构成要素、15 二级构成要素和 42 个三级构成要素，见表 3-16；学生评价体系包含 4 个一级构成要素、7 个二级构成要素和 23 个三级构成要素，见表 3-17。

表 3-16　职业院校教学质量评价体系层次结构（教师版）

一级构成要素	二级构成要素	三级构成要素
教学背景评价	学校发展定位	办学定位
		办学理念
	教学计划	教学计划制订
		教学方案
		教学对象情况
		实践课时占比
		课程设置导向
		课程总体安排
教学投入评价	师资队伍建设	师资培训
		教师经历
		教辅人员配置

一级构成要素	二级构成要素	三级构成要素
教学投入评价	教学设施	设施设备数量与类型
		设施设备质量
		设备利用率
		校企共建设施
	教学资源	实践教材编选
		实践教材实用性
	教学经费	师资队伍经费投入
		教学建设经费投入
		学生活动经费投入
	教学制度	教学管理机构
		教学管理办法
教学过程评价	教学方法	教学模式
		学习方式
	教学考核	考核方案
		考核权重
	教学监控	教学计划的审核
		学生实践活动的监督
	教学改革与创新	评价方式改革
		实践地点探索
		教学方法改革
教学成果评价 教学成果评价	学生参与情况	实践工作态度
		实践过程配合度
		参加比赛积极度
		学生出勤率
	学生在校成绩	学生实践作品情况
		竞赛获奖情况

续表

一级构成要素	二级构成要素	三级构成要素
教学成果评价	学生综合能力	学生实践能力
		学生其他能力
	企业认可度	专业基础知识
		专业实践能力
		企业相容性

表 3-17 职业院校教学质量评价体系层次结构（学生版）

一级构成要素权重	二级构成要素权重	三级构成要素权重
教学背景评价（0.1231）	教学理念（0.1231）	教学态度与观念（0.0821）
		教学目标（0.0410）
教学投入评价（0.2313）	教师教学品质（0.1127）	教师的知识结构（0.0250）
		教师的能力素质（0.0294）
		教师教学安全意识（0.0313）
		教师教学敬业精神（0.0270）
	教学设施（0.0677）	学校对教学设施设备的重视度（0.0190）
		教学设施设备完备度（0.0146）
		教学设施设备使用感受（0.0203）
		教学设施设备类型（0.0138）
	教学资源（0.0509）	实践教材质量（0.0205）
		实践教材编选（0.0137）
		实践教材实用性（0.0167）
教学过程评价（0.3125）	教学环节（0.1594）	教师教学准备（0.0352）
		教学内容（0.0468）
		教学方式（0.0437）
		教学反馈（0.0337）
	教学管理（0.1531）	教学监督（0.0707）
		教学考核（0.0262）
		教学组织（0.0562）

续表

一级构成要素权重	二级构成要素权重	三级构成要素权重
教学成果评价 （0.3331）	教学对学生的影响 （0.3331）	教学对学生认知的影响（0.1162）
		教学对学生能力的影响（0.1384）
		教学对学生情感的影响（0.0785）

2. 构成要素的权重计算

研究根据前面两个评价体系的层次结构图构建出各级构成要素两两之间比较的专家权重咨询问卷，专家分别对评价体系中的一级、二级、三级构成要素两两之间的重要性进行打分，再根据所得分数构建出这些评价要素间的判断矩阵。表 3-18 为一级构成要素两两之间的判断矩阵，A 代表教学背景评价，B 代表教学投入评价，C 代表教学过程评价，D 代表教学成果评价。

表 3-18 一级构成要素两两之间的判断矩阵

	A	B	C	D
A	1	—	—	—
B	A/B	1	—	—
C	A/C	B/C	1	—
D	A/D	B/D	C/D	1

（1）构建判断矩阵

专家对职业院校教学质量评价体系构成要素的重要程度比较时，计分标度采用的是 Satty1—9 标度法，重要程度与标度值的对应关系见表 3-19。此外，标度值 2，4，6，8 所对应的重要程度，介于表中标度值为相邻奇数的重要程度之间。

表 3-19 主要程度与标度值的对应关系

标度值	重要程度
1	同等重要
3	稍微重要
5	明显重要
7	强烈重要
9	极度重要
2，4，6，8	以上相邻重要程度的折中数值

在收到 17 名咨询专家的反馈意见表后，整理出这些专家的各级构成要素判断矩阵，再根据矩阵填写的完整性，初步判断出这 17 个专家判断矩阵的有效性，从而进行随机一致性检验，最后进行矩阵的计算和分析。本研究将采用几何平均法来计算一级构成要素的权重值，以一个专家对一级构成要素的赋值为例：

根据专家对一级构成要素的赋值，一级构成要素共有 4 个，分别为教学背景评价、教学投入评价、教学过程评价与教学成果评价，分别对应 A，B，C，D。专家对一级构成要素两两之间比较的打分见表 3-20。

表 3-20　专家对一级构成要素两两之间重要程度打分

要素	A	A	A	B	B	C
两两重要程度比较	相对于	相对于	相对于	相对于	相对于	相对于
	B	C	D	C	D	D
重要性程度标度值	1/3	1/5	1/3	1/3	1/3	1/3

将专家赋值结果转换成一个判断矩阵，见表 3-21，判断矩阵值为纵比横得出。

表 3-21　专家对一级构成要素的判断矩阵

	教学背景 A	教学投入 B	教学过程 C	教学成果 D
教学背景 A	1	1/3	1/5	1/3
教学投入 B	3	1	1/3	3
教学过程 C	5	3	1	3
教学成果 D	3	1/3	1/3	1

（2）矩阵一致性检验

计算上表矩阵中每行内各个的乘积 W_i：

$$W_1 = 1 \times 1/3 \times 1/5 \times 1/3 = 0.022$$

$$W_2 = 3 \times 1 \times 1/3 \times 3 = 3$$

$$W_3 = 5 \times 3 \times 1 \times 3 = 45$$

$$W_4 = 3 \times 1/3 \times 1/3 \times 1 = 0.333$$

对以上的 W_i 进行 4 次方根值计算 $(\vec{W_i} = \sqrt[4]{W_i})$ ，得到 $\vec{W_1} = 0.3851$ ，

$\vec{W_2} = 1.3161$ ，$\vec{W_3} = 2.5900$ ，$\vec{W_4} = 0.7596$ 。

对向量 $\vec{W} = (\vec{W_1}, \vec{W_2}, \vec{W_3}, \vec{W_4})$ 进行归一化处理，将步骤二中的四个数值分别代入式（3-1）

$$\bar{W} = \frac{\vec{W_i}}{\sum_{j=1}^{n} \vec{W_j}} \qquad (3-1)$$

归一化后的向量特征值分别是 0.0762，0.2606，0.5128，0.1504，由此可知专家 a 对一级构成要素的赋值权重。

依据式（3-2）计算判断矩阵的最大特征值 λ_{max}：

$$\lambda_{max} = \frac{1}{n} \sum_{i=1}^{n} \frac{(A\bar{W})_i}{\bar{W_i}} \qquad (3-2)$$

式中，$A\bar{W}$ 为专家 a 对判断矩阵的赋值与 $\bar{W}$ 的乘积。

$(A\bar{W})_1$、$(A\bar{W})_2$、$(A\bar{W})_3$、$(A\bar{W})_4$ 分别是 0.3158、1.1114、2.1269、0.6369。再将以上数值代入计算最大特征值 λ_{max} 的式（3-2）中，得出 λ_{max} 值：

$$\lambda_{max} = 4.1977$$

对专家 a 判断矩阵的随机一致性比率 CR 进行检验，以衡量该专家在两两元素重要程度上的评分是否具有一致性，以确保评分结果和所计算出的权重数值可靠。当 CR<0.1 时，表明专家判断矩阵的一致性可以接受；当 CR ≥ 0.1 时，表明专家判断矩阵的一致性不可接受，或需进一步修正，或剔除弃用。判断矩阵的随机一致性比率 CR 可以通过以下公式计算出

$$CR = \frac{CI}{RI} \qquad (3-3)$$

在（3-3）中，CI 为一致性检验指标，其计算公式如下

$$CI = \frac{(\lambda_{max} - n)}{(n-1)} \qquad (3-4)$$

而 RI 可以通过查询多阶判断矩阵表得知，见表 3-22。

表 3-22　多阶判断矩阵 *RI* 值

阶层（*n*）	1	2	3	4	5	6	7	8	9	10
RI	0	0	0.52	0.89	1.12	1.34	1.36	1.14	1.46	1.19

由 $\lambda_{max} = 4.1977$，n=4，得出 CI=0.063；将 RI=0.89 代入公式（3-3）中，可以计算出 CR=0.07 < 0.1，表明专家 a 对一级构成要素的权重分配合理，即表 3-17 所示的职业院校教学质量评价体系一级构成要素的权重可以接受和保留。

以上过程为一位专家对一级构成要素方面的权重数据的处理过程，其他专家对二级与三级要素权重赋值的结果采用以上类似的计算与分析方法；本研究通过 MATLAB 分析软件，相继对剩余 16 名专家的各级构成要素的判断矩阵进行分析和计算，若判断矩阵 $CR \geqslant 0.1$ 时，则与该专家进行商榷，对赋值结果做出进一步修正，或剔除弃用。

（3）得出各级要素权重

研究采用德尔菲法，对回收的 17 份咨询问卷进行分析，然后利用层次分析法计算各级指标的权重，得到最终权重结果如下，计算结果保留四位小数。

教师评价体系各级构成要素权重分布见表 3-23。

表 3-23 教师评价体系各级构成要素权重

一级构成要素权重	二级构成要素权重	三级构成要素权重
教学背景评价（0.1231）	学校发展定位（0.0722）	办学定位（0.0422）
		办学理念（0.0300）
	教学计划（0.0509）	教学计划制订（0.0071）
		教学方案（0.0059）
		教学对象情况（0.0085）
		实践课时占比（0.0103）
		课程设置导向（0.0083）
		课程总体安排（0.0108）
教学投入评价（0.2313）	师资队伍建设（0.0971）	师资培训（0.0489）
		教师经历（0.0315）
		教辅人员配置（0.0167）
	教学设施（0.0366）	设施设备数量与类型（0.0064）
		设施设备质量（0.0080）
		设备利用率（0.0129）
		校企共建设施（0.0093）

一级构成要素权重	二级构成要素权重	三级构成要素权重
教学投入评价（0.2313）	教学资源（0.0265）	实践教材编选（0.0107）
		实践教材实用性（0.0158）
	教学经费（0.0325）	师资队伍经费投入（0.0126）
		教学建设经费投入（0.0115）
		学生活动经费投入（0.0084）
	教学制度（0.0386）	教学管理机构（0.0199）
		教学管理办法（0.0187）
教学过程评价（0.3125）	教学方法（0.1044）	教学模式（0.0542）
		学习方式（0.0502）
	教学考核（0.0539）	考核方案（0.0317）
		考核权重（0.0222）
	教学监控（0.0655）	教学计划的审核（0.0335）
		学生实践活动的监督（0.0320）
教学成果评价（0.3331）	教学改革与创新（0.0887）	评价方式改革（0.0260）
		实践地点探索（0.0243）
		教学方法改革（0.0384）
	学生参与情况（0.0928）	实践工作态度（0.0305）
		实践过程配合度（0.0242）
		参加比赛积极度（0.0166）
		学生出勤率（0.0215）
	学生在校成绩（0.0329）	学生实践作品情况（0.0186）
		竞赛获奖情况（0.0143）
	学生综合能力（0.0983）	学生实践能力（0.0708）
		学生其他能力（0.0275）
	企业认可度（0.1091）	专业基础知识（0.0330）
		专业实践能力（0.0409）
		企业相容性（0.0352）

学生评价体系各级构成要素权重分布见表 3-24。

表 3-24　学生评价体系各级构成要素权重

一级构成要素权重	二级构成要素权重	三级构成要素权重
教学背景评价 （0.1231）	教学理念 （0.1231）	教学态度与观念（0.0821）
		教学目标（0.0410）
教学投入评价 （0.2313）	教师教学品质 （0.1127）	教师的知识结构（0.0250）
		教师的能力素质（0.0294）
		教师教学安全意识（0.0313）
		教师教学敬业精神（0.0270）
	教学设施 （0.0677）	学校对教学设施设备的重视度（0.0190）
		教学设施设备完备度（0.0146）
		教学设施设备使用感受（0.0203）
		教学设施设备类型（0.0138）
	教学资源 （0.0509）	实践教材质量（0.0205）
		实践教材编选（0.0137）
		实践教材实用性（0.0167）
教学过程评价 （0.3125）	教学环节 （0.1594）	教师教学准备（0.0352）
		教学内容（0.0468）
		教学方式（0.0437）
		教学反馈（0.0337）
	教学管理 （0.1531）	教学监督（0.0707）
		教学考核（0.0262）
		教学组织（0.0562）
教学成果评价 （0.3331）	教学对学生的影响 （0.3331）	教学对学生认知的影响（0.1162）
		教学对学生能力的影响（0.1384）
		教学对学生情感的影响（0.0785）

　　该指标体系的建立，重点考察职业院校的教学背景、投入、过程和成果，目的是通过指标评价的过程，使学校认识到自身、教师及学生在教学方面的优势和不足，有针对性地开展今后的教学工作，不断改进教学模式。

第二节 职业院校教学质量评价体系构建的措施

一、职业院校教学质量评价反映的问题及其启示

（一）学校层面的问题及其对评价体系构建的启示

通过表 3-25 可知，教师与学生对于学校的教学设施普遍未达到比较满意的程度，间接表明学校在教学设施方面的建设与管理等未能达到满意程度。表格的问题所属的三级构成要素为设施设备数量与类型（0.0064）、设施设备质量（0.0080）、设备利用率（0.0129）及校企共建设施（0.0093），其中设备利用率的权重占比最高。设备利用率则可以间接反映出学校、教师在开展教学活动过程中是以实践操作为主还是以理论讲解为主。通过结合这些构成要素所对应的题目则可以反映出，实践过程中，师生对于学校对教学设施的配置、运用及建设等方面都是不够满意的。因此，既需要提高学校在教学设施各方面的重视与建设，还需在教学质量评价体系构建过程中加大对学校在设施方面的情况的评价。

表 3-25 教师、学生对学校设施的评分

问题	平均值	中位数	众数	标准差
学校教学设施设备充足、类型丰富	3.79	4	4	1.08
学校设施设备运作效率高	3.73	4	4	1.05
教学操作设施设备同生产实际相适应	3.87	4	4	0.91
教学场所有专门管理人员	3.91	4	4	0.85
学校及时补充、更新设施设备	3.74	4	4	0.97
学校设施设备齐全、完备	3.75	4	4	0.94
学校设施设备能够满足学习需求	3.84	4	4	0.95
学校设施设备类型丰富（设有职业技能鉴定所、校内外实训场所,配备仿真系统等）	3.81	4	4	0.88

通过表 3-26 可知，教师与学生对于学校的教学资源利用普遍未达到比较

满意的程度，间接表明学校在教学资源利用方面不到位，缺乏对资源的有效利用。表格的问题所属的三级构成要素为：实践教材编选（0.0107）与实践教材实用性（0.0158）。无论是实践教材的编选还是实用性，它们对教学活动的开展都具有重要指导作用，从权重值的比较来看，实践教材实用性的权重值较高一点，说明实践教材实用性更应该得到重视。从表 3-26 可以得知，学校需要对教学资源的利用情况作出改变。故在评价体系构建的过程中，应当着重关注学校在实践教材的编选与实用性方面工作的评价。

表 3-26　教师、学生对学校教学资源的评分

问题	平均值	中位数	众数	标准差
学校及时动态更新教材（每 3 年修订 1 次）	3.88	4	4	1.03
教学教材编选与本专业发展相适应	3.94	4	4	0.98
学校与企业共编教材频率高	3.66	4	3	1.04
学校实践教材实用性强	3.95	4	4	0.98
实践教材能够满足教学活动需要	3.84	4	4	0.88
实践教材编选符合学生的理解能力	3.81	4	4	0.84
实践教材实用性强，引入典型生产案例	3.83	4	4	0.82

　　根据表 3-27 可知，学生认为学校在对他们的实训（习）岗位安排时，未能将学生的实习工作与专业对应岗位做出高度匹配的安排，这也有可能是导致企业对职业院校学生实践能力不太认可的其中一个理由。该问题所属的三级构成要素为教学组织（0.0562），该构成要素在与其他要素相比之下还是占有较高的权重值的。故在对评价体系进行构建的过程中应当注重该指标的评价与权重赋值。

表 3-27　教师、学生对学校实践活动落实情况的评分

问题	平均值	中位数	众数	标准差
学校实训、顶岗实习落实到位	4.16	4	4	0.79
实训（习）活动与岗位高度匹配	3.78	4	4	0.86

（二）教师层面的问题及其对评价体系构建的启示

根据表 3-28 可知，教师对"师资培训能够满足教学需求"这一问题的评分均值尚未达到比较满意的程度，该教师层面存在的问题间接表明学校在开展师资培训活动时未能全方面考虑教师的实际教学需求。表格中问题所属的三级构成要素为"师资培训"，该要素在其所属的三级构成要素中权重值最高，为 0.0489。无论从教师对于该问题的评分角度，还是专家赋予该构成要素的权重值角度，都显示出该指标是一个极其重要的指标，故在构建评价体系过程中应当增强对该问题所属指标的评价。

表 3-28　教师对师资培训效果的评分

问题	平均值	中位数	众数	标准差
师资培训能够满足教学需求	3.87	4	4	1.11

根据表 3-29 可知，教师在带领学生参加技能比赛经历及具有丰富的企业工作经历两个问题上的评分均值尚未达到比较满意的程度，间接表明教师在经历方面仍需不断加强，无论是技能比赛还是企业工作经历。教师经历在其所属的三级构成要素中的权重值亦是很高的，为 0.0315。因此，教师经历应当作为一个硬指标被纳入教学质量评价体系中，在评价体系构建过程中应当具备较高的权重值。

表 3-29　教师对自己教学、工作经历的评分

问题	平均值	中位数	众数	标准差
教师带领学生参加技能比赛经历	3.88	4	4	1.08
教师具有丰富的企业工作经历（每年至少有1个月到企业或实训基地培训）	3.65	4	4	1.17

（三）学生层面的问题及其对评价体系构建的启示

根据表 3-30 可知，教师对学生毕业设计相关问题的评分均值尚未达到比较满意的程度，该学生层面存在的问题间接表明学生在毕业设计上的任务未能得到教师比较满意的评价，也表明了学生在这一教学活动上仍需增强操作能力。该问题对应的三级构成要素为学生实践作品情况，权重值为 0.0186，与同

属的三级构成要素相比是较高的。显然，学生在毕业设计上的表现对职业院校教学质量的影响较大，故在构建评价体系时应该将学生在毕业设计方面相关的指标纳入评价体系中。

表 3-30　教师对学生毕业设计相关问题的评分

问题	平均值	中位数	众数	标准差
教师对学生毕业设计的评价	3.97	4	4	0.83
教师对学生实验、实训（实习）报告的评价	4.06	4	4	0.76

根据表 3-31 可知，教师对学生专业实践能力满足企业生产需求相关问题的评分均值尚未达到比较满意的程度，间接反映出企业对职业院校学生专业实践能力的认可程度仍需提高。对于这一问题，学校需要加强与企业的联系、沟通与合作，才能有针对性地培养企业所需人才；教师需要不断探讨有效提高学生专业实践能力的教学方法与内容；学生需要增强自我效能感，提高学习信心，有效进行学习，从而有针对性地提高自身能力。此外，学生对于自己学习的掌握情况尚未达到比较满意程度，表明学生对于自身学习情况的不确定性、教师教学反馈的缺乏性等问题。故在构建教学质量评价体系的过程中需要增加企业对学生实践能力考核评价的指标以及教师教学反馈的指标等。

表 3-31　教师对学生专业实践能力满足企业生产需求相关问题的评分

问题	平均值	中位数	众数	标准差
学生的实践操作熟练	4.05	4	4	0.88
学生专业实践能力能满足企业生产需求	3.99	4	4	0.84
学生自我感觉对专业岗位所需核心能力的掌握情况	3.96	4	4	0.78

二、职业院校教学质量评价体系的权重分析及启示

（一）权重分析

1. 学校发展定位在教学背景评价中的权重高

教学背景评价维度中共有两个二级构成要素，即学校发展定位和教学计划，其中，专家对学校发展定位的权重赋值更高。学校规范办学，努力加强教学的质量管理，这才是学校发展定位的重要基础，更是实现学校工作的动态平

衡、促进学校自主发展的前提。

2. 师资队伍建设在教学投入评价中的权重高

要想更好地发展教育首先就要有一支数量绝对充足、结构非常合理，并且拥有着良好的素质的教师队伍。因为只有拥有了这样一批"先知者"才能更顺利地开展教育活动，才能更好地传播教学内容和知识，教学实践技能才能得到示范。在职业院校教学活动过程中，必须确保教学一线教师的资质，教师也要具备较高的理论知识，以及一定时长的企业、实训基地学习经验，同时，教师需要定期参与教师培训，具备终身学习的理念和能力等。只有不断提升自身能力的优秀教师队伍，才能为职业院校学生提供更多与时俱进的知识，培养出新时代所需的高技能人才。

3. 教学方法在教学过程评价中的权重高

职业院校的教学方法类型很多，各具优势和特色。石伟平教授认为职业院校有效的教学方法应该符合职业院校专业（课程）特点、教学特点、学生的基础水平与认知特点。职业院校教学方法主要有行为导向教学法、任务驱动教学法及"模块式"教学法等。就像我国非常著名的教育家叶圣陶先生曾经说过"教学有法，教无定法，贵在得法"，教师需要在多种多样的职业院校教学方法中根据教学目标的职业性、教学要求的必需性、教学对象的差异性及教学过程的实践性和互动性等教学特点选取不同的教学方法。不同的专业、教学任务需要教师采用不同的教学方法才能使教学质量达到最优效果，故教学方法对教学质量具有很大的影响作用，在对教学质量进行评价时应当注重对教学方法的考核。

4. 企业认可度在成果评价中的权重高

目前，我国的高等职业教育已经占到高等教育的半壁江山，但与普通本科教育相比，其社会认可度较低。这种过低的社会认可度不利于我国职业教育的持续健康发展。在这种形势下，努力扩大职业教育对社会的影响、提高社会对职业教育的认可度，是当务之急。但是要想得到全社会的认可，首先就要得到用人单位、实习（实训）单位的认可。

（二）启示

1. 重视对学校在发展定位方面的评价

根据前文提到的"学校发展定位在教学背景评价中的权重高"可知，学校发展定位对教学活动的开展与开展效果起到了引领作用，故在构建评价体系时应当提高对学校发展定位的关注，重视对学校发展定位的全面考核，将权重赋值向学校发展定位构成要素做出倾斜。

2. 提高师资培训、教师经历在评价体系中的权重

要想提高学院专任教师师资队伍建设水平，那么就必须抓紧落实相关培训，增加教师经历。本研究强调落实培训与经历对师资队伍建设的影响，原因为形式化、无效果的培训不仅不能促进师资队伍建设还会影响教师的正常成长。故在对教师培训、经历等指标进行构建时，需要强调教师对这些指标效果的评价，且需要重视教师对相关指标的反馈情况。

《国家职业教育改革实施方案》指出能够依据国家有关法规和职业标准、教学标准完成的职业技能培训，要更多通过职业教育培训评价组织等参与实施。从这点可以看出，国家要求教师职业技能培训的真实性与有效性；侧面也反映出教师需要积极主动投入相关培训中，如对培训有个人的独到见解亦应及时反馈。

此外，在加快职能转变，着力推动职业教育从"办"向"管""服"转变的背景下，职业院校与企业要加强合作往来，促进双方人力资源开发，推动职业院校与企业形成命运共同体；落实教师每年至少有 1 个月的时间到企业和实训基地学习，定期选派骨干教师出国研修。总之，要加大师资培训和教师经历在评价体系中的权重，为教师提供更有效的培训，增加教师经历，让每一次培训都发挥最大的效益。

3. 重视教学方法与内容在评价体系中的权重

教学方法与内容在教学活动中是必不可少的形式与内容，教师应当针对不同的教学内容选择不同的教学方法，教学方法与内容的选择亦会对学生的学习效果产生重大影响，教师不同的教学方法、模式及内容等均会对学生实践活动的学习成果产生影响。故在构建评价体系过程中应当注重教学方法与内容、学生实践活动监督的评价。

4. 增强对企业影响学生专业实践能力转化的评价

企业认可度是反映学生在实践学习活动中学习效果的一个直接指标。专家在教学成果评价中赋予该指标最高的权重，可见专家认为企业认可度非常能够体现教学成果。

根据评价问卷的结果可知学生的专业实践能力满足企业生产需求的情况处于一般较高水平，尚未达到比较满意的程度；然后，教师对于学生在学校的实践操作能力的评价是比较满意的，但学生的实践能力未能得到企业的较高评分的原因可能为学生缺乏将实践技能转化为成果的能力，故在教学活动过程中，还是需要给予学生更多的、真实的实践机会与环境。同时，职业院校应该积极

融入校企合作中，实现"校企零距离"，将相关的行业、企业产品国际通用的标准融入教学内容中，给予企业更多的"话事权"，提高企业在学生实践学习活动中评价的权重，让企业融入范围更广的教学评价各方面。只有企业对学生实践学习的评价权重不断得到提高，学生在企业实习、实训中的积极性与主动性才会不断提高，才能学习到更多与生产实际相适应的知识与能力，从而提高企业认可度与社会认可度。

第四章　岗课赛证融合下的职业教育发展

国务院学位委员会办公室印发了《关于做好本科层次职业学校学士学位授权与授予工作的意见》，这一意见让本科职业教育学士学位与普通本科学士学位"平起平坐"，提升了职业教育的社会地位，获得社会广泛赞誉。本科职业教育学士学位参照普通本科学士学位标准，需要学生较好地掌握本门学科的基础理论、专业知识和基本技能，对职业技术技能有更高的要求。为达到这一目标，融通职业教育中的"岗课赛证"，是其中值得推荐的育人模式。

第一节　岗课赛证融合，推动职业教育高质量发展

2021年10月，中共中央办公厅、国务院办公厅印发《关于推动现代职业教育高质量发展的意见》，要求各地区各部门结合实际认真贯彻落实。然而，职业教育的现状是各学校教学条件有限，专业教师队伍组成欠合理、技能水平普遍不高，课程体系相对落后，难以有效提升教学质量。针对这一现象，本节主要探讨如何进行"岗课赛证"之间的有效对接，促进职业教育高质量发展。

一、"岗课"融合，促进师生教学相长

"岗课"融合是实现专业教学与产业链、岗位链、技术链、创新链从"形"到"质"的全面融合，是专业教学转型升级、育人提质增效的重要教学改革措施。学校通过企业岗位调研，确定专业对应的岗位链；通过岗位能力分析，坚持以技术性、工作性的知识与技能为教学内容；通过"岗课"融合，形成类型化、系统化、校本化的课程。在人才培养过程中，学校、企业成为育人双主体。

第一个学期，学生在企业见习一到两周进行"识岗"；第二、三个学期，学生在企业见习三周，进行"练岗"；第四、五个学期，校企"熟岗"；第六

个学期，学生进入企业"顶岗"实习；实习结束后，经校企共同考核，合格后可转为企业正式员工。

保证"岗课"融合的核心是教师队伍素质，提升专业教师岗位实践能力是关键。因此，教师要坚持进企业"跟岗"实习，紧跟新时代产业的发展，不断学习新技术、新规程、新工艺等，通过教学研究为未来全面"岗课"融合打下坚实的基础，实现专业人才培养质量全面提升，为社会、为行业培养更多高素质高技能型人才。同时，我们还可以让教师在企业进行技术支持，也可聘请企业能工巧匠来校指导实习实训，通过校企互聘互培的方式促进教师队伍专业化成长。

二、"课证"融合，促进课程内涵发展

"课证融合"又称为"双证"（毕业证与职业资格证）教学，是指专业课程的设置与职业考证相对应，专业课程教材、教学内容、实训项目与考证内容相一致，通过课程学习，学生就能直接参加"1+X"证书或相关职业资格证书的考试。

为了进一步提升学生的专业动手能力，确保学生考证通过率，教师应做好以下工作：首先要学习、掌握本专业职业技能标准，重构课程教学内容，将职业考证的理论知识与技能要点融入平时的教学中；其次是要将职业考证的实操项目融入平时的实训中，将考证内容融入专业教学资源库，同时将考证流程融入平时教学与测试中，将考证管理融入教学管理。这样既能让学生掌握专业考证理论知识与技能要点，又可提高学生考证通过率，提升学生对本专业的热爱与认可度。

三、"课赛"融合，促进专业内涵发展

自 2020 年中国第一届职业技能大赛在广州成功举行以来，各级各类职业技能竞赛如火如荼地开展，使得历经十余年的全国职业院校学生技能大赛更显稳重与成熟。教育方面，除了职业院校学生技能竞赛外，还设有文明风采大赛、黄炎培创业规划大赛，它们都是展示学校办学成果和学生风采、检验教学过程中的成绩与不足、优化专业人才培养方案的有效措施，同时为各职业学校提供了交流的平台。当前，职业院校技能大赛体现了行业核心能力与前沿技术要领的综合运用，竞赛的知识覆盖面非常广，加工精度要求很高。

技能大赛通常是以一个典型的工作任务或一个零件产品加工作为命题，要求选手掌握正确工艺、熟练操作、技艺精湛并且具有较强的创新创造等能力。

文明风采大赛以"立德树人"为主线，以学生综合素质全面提高为统揽，以中华传统文化教育为中心，以"文明风采"活动为载体，构建起经典引领、强化训练、活动育人的"三位一体"工作格局。黄炎培创业规划大赛重点展示并培育学生的创新意识、创业理念、协作精神等。

由此可见，我们必须将所有竞赛项目植根于平常教学中，使更多教师参与指导与学习研究，使更多学生掌握竞赛所要求的专业知识、技能、文化与素养，让学生的能力素养通过课程体系与课外实践等有效学习而形成。这就需要我们在专业课程体系与人才培养方案的修订完善上下功夫，将比赛项目内容融入课程体系与教育教学中，将竞赛规程融入实习实训中，将竞赛管理融入日常教学管理中，通过大赛促进专业教学改革，逐步培养符合时代需求的预备员工，促进专业内涵发展。

四、岗课赛证融合，促进学校内涵发展

新时期，国家对职业教育提出了新理念和新要求。为全面贯彻党的教育方针，落实立德树人根本任务，职业院校可以按照国家职业标准和教学标准，以岗位能力为目标，以课程体系为核心，以三大竞赛为抓手，以职业考证为评价，全面开发岗课赛证融合职业教育课程体系，创新探索"四岗递进"人才培养模式改革，增强职业教育的适应性与创新性。

一是以岗位能力为目标。教师在识岗、练岗、熟岗、顶岗的"四岗递进"中融合企业管理制度、企业文化、工匠素养、职业资格标准、课堂教学、技能大赛、实习实训等要求。

二是以课程体系为核心。教师在专业核心课、专业技能课与专业拓展课中融合加工制作工艺、技能竞赛项目、实习实训内容。

三是以三大竞赛为抓手。学校以专业技能大赛、文明风采大赛、黄炎培创业规划大赛为抓手，融合教学管理、实训管理、考证管理，以赛促练，以赛促学，以赛促教，还原真实的环境，实现育人目的。

四是以职业考证为评价。学校以实训为重，在"实习实训"中融合技能训练与生产标准、教学标准、竞赛标准、考证标准，让学生养成良好的职业素养。

就岗课赛证融合的具体做法而言，可从以下三个方面入手。

一是重构专业课程体系。教师以"四岗递进"工学交替的育人理念，构建岗课赛证融合的课程体系。其中，"岗"是学习目标，学校以岗位能力与职业素养为培养目标，帮助学生实现毕业零距离上岗；"课"是课程体系，学校以公

共基础课、专业核心课、专业技能课与专业拓展课为递进式学习内容，遵循由易到难、循序渐进的教育原则；"赛"是竞赛活动，即职业院校技能竞赛、文明风采大赛、黄炎培创业规划大赛，学校通过以赛促学、以赛促教、以赛促练的方式，提升学生的综合素养与专业技能；"证"是职业证书，学校以"1+X"证书或职业资格考证为导向，以专业技能等级标准为实习实训评价标准。此外，学校要重构岗课赛证融合的课程体系，架构"能用、有用、适用"的公共与专业课程，确立"知识、能力、情感"三维课程教学目标，利用"职教云、资源库、智慧职教"教学资源，使学生通过课程学习具备符合企业岗位需求与职业考证标准要求的职业能力与素养，同时为高素质"双师型"教师的技能水平和专业教学能力的提升提供平台和途径。

二是创新人才培养模式。学校通过政校企行联盟搭建多方合作平台，通过预备员工制（现代学徒制）为企业实现"定向培养""委托培养"和"联合培养"；依托产教联盟平台、产教融合型企业等实行校企合作，聘请行业企业高技能人才共建"校企教师发展中心"，共同制定专业人才培养方案和课程标准，共同开发以企业真实工作任务为载体、融合企业行业认证内容、以实际案例为对象的课程，建立多元育人新模式。

三是建立教学诊改机制。从学校、专业（群）、课程、教师、学生五个层面制定教学诊改评价标准，对照学校制定的系列标准常态化全员参与教学诊改，在诊改过程中重视办学理念的提炼，注重教师队伍建设，以课程体系为中心，注重学生能力发展，促进学校内涵发展。

综上所述，学校应从自身专业设置与教学实际条件出发，引领教师选择适合专业发展的竞赛项目，认真分析各项竞赛规程与内容，不定期走访园区大中型企业，了解生产情况，紧跟行业产业的发展，将企业生产项目与竞赛项目融合成教学项目，再融合理论知识、专业技能、专业素养、创新能力等要素，研制专业人才培养方案，形成自己独特的教学模式，促进职业教育高质量发展。

第二节　岗课赛证融合培养模式概述

进入职业教育发展新时代，职业教育类型化发展、高质量发展、适应性发展，成为呼应新时代、落实新愿景、谋求新发展的新的目标诉求，而要想实现这样的目标愿景，必须有新的手段和途径予以驱动落实，岗课赛证融合培养模式就是这样的落地手段和创新机制。

一、岗课赛证融合培养模式的概念及价值追问

（一）岗课赛证融合培养模式概念界定

"岗"是职业岗位，"课"是育人课程，"赛"是技能大赛，"证"是职业资格或技能等级证书；融合强调四者的有机链接和融合贯通。培养模式是集成化的育人系统和方法范式，是一种适切的方法设计、一种优化的程式规范、一种教学思想内容的载体、一种育人的智慧策略。岗课赛证融合培养模式，是 2021 年 4 月 13 日全国职教大会提出的新概念。这一"四位一体"的全新整合，形成了职业教育人才培养的创新提法，或者说一种具有推广潜质的创新模式，其获得国家层面的高端认同和政策推举，实乃情理之中、应然之归。

（二）岗课赛证融合培养模式的价值追问

价值是一个哲学范畴，是意义和效用的集成，渗透和决定着人们对事物的判断、选择和追求，岗课赛证融合培养模式同样是一个价值含凝、包孕和容载的概念集群。其价值体现为：人的行为只有具备了价值依托和价值负载，才是有哲学思考铺垫的有意义的行为，才是理性的、自觉的行为。而只有当人类的思考和行为实践走向价值"深处"，才是高端的追寻和发展的福音。

一是深化产教融合的必然要求。深化产教融合是职业教育内在本质和核心特色，也是 2017 年《国务院办公厅关于深化产教融合的若干意见》和 2019 年《国家职业教育改革实施方案》提出的职业教育改革发展的必然要求。但就其实践效果看，依然在一定程度上存在着深化不够、长效难求、效度不佳、创新缺失的问题。所以，深化产教融合必须要有新的抓手和落点。岗课赛证融合培养模式引导人们关注岗位、关注职业教育的职业性、关注行业标准、关注课程育人、关注技能大赛、关注课证融通，这些都是深化产教融合的题中之义，借助这样的模式职业教育的属性才能有所保证，职业教育的特色才能得以彰显，深化产教融合的目标才能得以实现。

二是职业教育高质量发展的创新选项。职业教育走向高质量发展是国家治理体系夯基筑底的重要一环，也是国家进入"强起来"发展新时代的必然要求。2020 年 9 月，教育部等九部门出台了《职业教育提质培优行动计划（2020—2023 年）》进一步要求要"实施职业教育治理能力提升行动"，完善多元共治的质量保证机制，推进职业教育高质量发展。

习近平总书记在"十四五"时期也提出了高质量发展的要求，对教育的定

位是建立高质量发展的教育体系，对职业教育的目标定位是增强职业教育的适应性。无论是锻造产业链、供应链长板，还是补齐产业链、供应链短板，乃至补上民生领域的短板，都要求职业教育加快发展、高质量发展。职业教育高质量发展知易行难，需要创新驱动和创新赋能，才能推进和实现。岗课赛证融合培养模式是增强职业教育适应性，体现类型教育特征的一种创新。它将职业教育的应然要素组合到一起，构成一个全新的模式链接和实践范式，是职业教育在高质量发展诉求背景下推出的一个新的创新品种和创新选项。

三是职业教育育人的融合机制。机制主要是指事物之间或事物内部各要素之间的关系及其相互作用的机理。陈玉琨教授认为："机制是落实制度的一些组织设计和运行安排，以保证实现预期的结果。"职业教育的高质量发展或增强适应性的政策、制度诉求，不是制度或体制本身能实现的，它必须靠运行机制的创新设计和躬行实践的笃行力为才能转化为现实。岗课赛证融合培养模式就是这样一种融合型育人机制，它通过具有内在联系的四个核心要素组合，形成了结构化的"四位一体"的综合育人机制。这一机制从构成看，是职业教育应然要素的整合，必然体现职业教育的特色；从衔接连贯看，由岗而课、由课而赛、由赛而证，每一环节的存在都服务于育人整体目标，而每一次的衔接转化都更加趋近于这个过程的完结和目标的实现，它们是功能各异的要素加合形成的逻辑链和创新链，是职业教育找到的一个新的育人突破点和质量增长点。

二、岗课赛证融合培养模式的学理依凭

任何学术研究都应该有自己的理论依凭和学理机制，它是学术研究的根基和底蕴，也是衡量和鉴别研究成果价值品位及深浅高下的标尺。换言之，没有理论支撑的研究是肤浅的研究，缺乏理论观照的研究是贫匮的研究。岗课赛证融合培养模式的出现并非偶然，除了人才培养实践创新的目标要求外，也有着自己的理论依凭和学理支撑。

（一）跨界整合理论

跨界整合理论是职业教育的本然理论和特色理论。跨界是姜大源先生率先提出的职业教育本质理论。他认为职业教育是跨界的教育，表现为：在办学制度层面，它是校企合作的，打破了封闭的企业与学校各自运作的"围城"；在人才培养层面，跨越了分割工作与学习的各自孤立的"界限"；在社会功能层面，跨越了经济与教育各自定位的"藩篱"。张健教授认为："整合是职业教育的理论之根，特色之魂，存在之本，方法之宗，学科之基，哲学之道。"跨界

整合理论重视发现事物的内在联系和本质系结，强调不同界域或属性的事物相互作用、贯通、融合，是岗课赛证不同属性事物或要素跨越各自边界、纽结到一起融合的理论本质。整合是事物的统整、融合、浑成，而形成合目的的价值整体的创新建构过程。如果说跨界论是事物的本质认知和融合依据，那么整合论就是其方法之道和实现形式。二者共同奠定岗课赛证融合培养模式的理论根基。

（二）嵌入理论

嵌入理论是由卡尔·波兰尼提出的，他强调经济主体的社会嵌入性，认为经济并非独立，反而"嵌入"在政治、文化中，即原则上，人类的经济是浸泡在他的社会关系之中的。格兰诺维特关于结构嵌入与关系嵌入的分类是一个更为精致的分析框架。结构嵌入既强调社会网络的整体功能和结构，也关注经济单元在社会网络中的结构位置；而关系嵌入主要指双方基于互惠关系而形成的互动关系。

这里我们可以认为，结构嵌入是物的要素的结构化嵌入，关系嵌入是人的相互关系的嵌入。岗课赛证融合偏向于物的结构化嵌入，但不排斥物的背后主体人的关系嵌入。如岗课融合是一种物、要素的相互嵌入，岗引导定位课，课呼应嵌入岗，是一种双向嵌入的融合过程，背后则是校企合作双主体的关系嵌入。嵌入理论在很大程度上解释了教育与经济、与职业岗位是相互嵌入的。如果脱嵌，就会出现适应性困境，背离职业教育跨界的本质，丧失职业教育的根本特色。

（三）系统协同理论

系统泛指相同或相似事物按一定的秩序和内部联系组合而成的整体。系统论是美国生物学家贝塔朗菲在20世纪40年代创立的，他认为解释事物现象，要把它们看成有联系的事物的总和，即看成具有特殊的整体水平的功能和属性的整体。系统论深化了事物普遍联系的哲学观，也揭示了事物系统化的存在方式。协同论是研究不同事物共同特征及协同机理的理论，产生于20世纪70年代，其创始人是德国物理学家哈肯。协同论强调系统结构和要素的相互作用，谋求事物结构功能由旧状态驱动到新组态的协同性和有序性，以达到自组织系统的实现。按照系统论和协同论的观点，岗课赛证融合培养模式可视为一个新的组态和自足的系统，其系统的结构要素是有内在逻辑、有序协同的，彼此之间紧密联系、相互作用，发挥其各自要素的功能，并构成一个有机适变的、协同创新的体系。

总之，跨界整合理论、嵌入理论、系统协同理论，这些不同的理论资源构成岗课赛证融合培养模式背后的学术机理和逻辑支撑，从不同角度支持和成就其存在的合理性、必然性。这些理论不仅是我们深入认知这一创新模式的重要理论资源，也必将为这一模式研究拓展理论视野，夯实理论根基，找准理论定位，提升理论品位。

三、岗课赛证融合培养模式的逻辑关系

《现代汉语词典》对关系的解释有六个义项：事物之间相互作用、相互影响的状态；人和人或人和事物之间的某种性质的联系；对有关事物的影响或重要性，值得注意的地方；泛指原因、条件等；表明有某种组织关系的证件；关联，牵涉。关系是表征事物之间相互联系的哲学范畴，是人与人、事与事、人与事等之间内在关联和逻辑系结。岗课赛证作为四个独立的要素是怎样联系到一起的？它们之间具有怎样的逻辑关系？这些关系是怎样实现内在自洽、协同和整体功能的？这是我们的研究必须认真思考并予以回应的。

（一）内在融会贯通的逻辑关系

岗课赛证四个要素表面看似乎关系不大，但却具有内在的逻辑关系。从培养过程看，岗课赛证以育人为本构成了一个完整的培养过程。岗是职业教育育人的逻辑起点。就是说，职业教育是通过岗位能力分析倒推，获致胜任岗位所需要的知识、能力、素养点，然后通过课程施以培养的。课是职业教育育人核心。它由岗而来，将岗位分析获知的胜任岗位所需要的知识、能力、素养点，设置成课程，培养高技能人才够用的知识、关键的能力和必备的品格。赛是技能培养的强化和升华。本质上说，赛是课程能力培养的一种独特手段。职业教育是赋能教育，需要突出和强化学生的能力训练和培养，而国家、省级、学校三级技能比赛，就是除了常规的实习实训外，找到的强化训练的最好的载体和手段。证是职业教育育人的收官。学生经过三年的岗课赛的学习和实训后，最终以获取学历证书和职业技能等级证书完美收官。

（二）课程为核心的本质关系

本质指事物的根本性质，它是事物深层和背后蕴含的内在联系。岗课赛证融合培养模式是以育人为核心的培养范式，其背后和深层的本质关联是课程。它是为课程而设的方法，由课程而实施的过程，凭课程而实现的目标。岗课

赛证融合培养模式是围绕课程而类聚生成的育人模式，四者之间表现为以岗定课、以课育人、以赛导课、以证验课的逻辑关系。

（三）作用互补的功能关系

岗育人的功能关系是制导。职业岗位有两重功能属性，一是人才就业的本质空间，二是课程设置的逻辑起点。其中，前者是学生安身立命、谋得生活资料的职业归属，是人才培养的终端实现。同时，岗又是人才培养循环相生的制导起点，是制定课程的目标和依据，职业教育的课程不是依据学科知识体系派生建构的，而是根据岗位需要分析建构起来的。岗位是课程建构的依据，课程是对应岗位的设置，岗位是课程设置的目标，课程是服务岗位的支撑，它们是相互嵌入、互动相生的。

课育人的功能关系是落实。即通过一套课程体系的实施，通过教师的授知、赋能、立德树人，实现技能人才培养过程的落地和完成。

赛育人的功能关系是升华。赛可视为能力培养实训体系的高端延伸和优化手段。与一般实训不同的是，它是有明确目标任务导向的实训，是向着技艺精湛、能力一流、赛果优异的目标冲击的加强版训练，是真正冲着高端技能人才、能工巧匠、大国工匠培养和遴选去的一种实现机制。同时，技能大赛也是对课程能力培养结果的一种验收，可视为评价体系的一种独到而重要的补充，是真正的增值赋能评价。

证育人的功能关系是验收。它是以课证物化的形式对人才专业能力、资质、水准的一种肯定和认同，是一系列培养过程和机制的终结性评价和符号化彰显，它是技能护照，是身份符号和达标证明。

四、岗课赛证融合培养模式实践创新

岗课赛证融合不能停留在概念的创生上，必须找准"落点"，向着实施层面转化，将其落到实处，才能发挥育人的实效和功能。岗位工作任务化、工作任务课程化、赛教融合一体化、证书验收达标化的"四化"协同培养模式，便是岗课赛证融合的一种创新探索和实践。

（一）岗位制导——岗位工作任务化

当我们把"产教融合、校企合作、工学结合、知行合一"以"职场"和"学场"进行划分，"产企工行"属于"职场"一块，"教校学知"属于"学场"一块。怎样把"职场"与"学场"纽结到一起，使职业岗位与学校育人融合贯通，关乎深化"产教融合、校企合作"的办学层面的践行和"工学结合、知行合一"教学层面的落实。做到这一点,实现岗课一体,需要以岗位制导为引领,使岗位工作向任务化转化。

1. 岗位制导功能

职业岗位与人才需求直接相关,决定所需人才的性质、类别、专业和能力的要求,它是以职业形式实施育人过程的逻辑起点,具有多元制导功能。一是需求制导。即岗位需求决定专业的设置定位和方向,有利于构建映射产业链的专业群。如果开设的专业与经济社会发展及职业岗位需求不匹配、不耦合、不适应,就会造成人才培养错位和供需失衡。二是人才规格制导。不同的职业岗位对人才规格有不同的要求,决定人才的知识结构、能力特质和素养标准,对培养胜任职业岗位人才的赋能培优具有指引和导向作用。三是就业制导。职业教育是就业教育,培养的人才是否与岗位契合、具备岗位能力,直接关系到学生的就业质量。

2. 岗位工作任务化

2017年《国务院办公厅关于深化产教融合的若干意见》要求,"推行面向企业真实生产环境的任务式培养模式"。从实施层面看,职业岗位是人的工作平台,与人所要做的事及所应具备的能力构成逻辑链接。每一个岗位都有许多具体工作,每一项工作都要有具体的能力支撑。能力结构体系理论认为,某一级别的职业资格包括若干能力单元,每个单元包括若干学习产出,每个学习产出通过一系列评价指标描述。职业教育就是要建立起工作与岗位能力之间的关系,而工作任务就是学生与行业企业岗位衔接的唯一纽带。岗位任务工作化要求通过企业专家、课程专家和教师共同梳理岗位工作领域、工作任务、职业能力,将其转换成可教、可学的具体教学任务、项目等,建立项目库,为实现岗课一体、课教融通奠定可行性基础和逻辑前提。同时,在转化过程中,要使具体任务与行动能力对接,做到符合行业标准、契合生产或工作过程、突出技能特色、体现先进教学模式。如学校将实际工作任务或岗位培训的内容转化为工单任务,实施"工单制"项目化教学。

(二)课程实现——工作任务课程化

岗位工作向着课程转化是实现育人目标的核心和关键步骤,有利于构建映射技术链的课程体系。

1. 以岗位倒推确定课程内容

以岗位倒推确定课程内容是真正的职业教育课程逻辑,它是基于能力培养目标和行动逻辑建构的应用型课程体系，是保证课程"落点"在能力上的赋能型课程。它要求课程内容设置必须瞄准岗位需求，对接职业标准和工作过程，吸收行业发展的新知识、新技术、新工艺、新方法。采用由果溯因之法推导和确认与岗位密切相关的课程内容。

2.建构"三型递进"课程结构体系

"三型递进"课程结构体系，即"平台+岗位模块+行业应用"的课程结构体系。平台课服务于全部岗位或某几个岗位，注重学生的专业基础能力的打造。岗位模块课指与课证融通的岗位群相关的几门专业核心课程，培养的是学生面向相关岗位群的专业核心能力。行业应用课指与地方区域经济特色、地方优势产业、学校特色专业相结合的行业应用实践课程，这类课程帮助学生切实掌握行业应用中的特殊技能，最终培养出面向产业特色、符合区域经济需要、能力突出的创新技术技能人才。此三类课程由专业基础课到专业核心课再到应用实践课，构成一个逻辑递进的完整的课程结构体系。其中，平台课夯基培元；岗位模块课赋能固本；行业应用课促进发展。这些课程对培养学生职业共同的基础能力、工作任务胜任力和核心素养，具有落地支撑、质量保障的硬核效用。

3.创生"五层进阶式"教学评价模型

基于岗位任务的行动化课程，需要以评价为终点形成反馈调适机制，保证其动态优化、循环改进的机理和功能。模块化教学实施过程中，根据1+X职业技能等级证书要求实施模块化学习过程管理，结合学情，建立以成长为导向的教学评价机制，采用"五层进阶式"教学评价模型，通过课堂过程评价专业知识技能素养、课程单元评价简单工作任务完成能力、课程结果评价工作领域任务完成能力、职业技能等级证书获取情况评价岗位能力，最终通过企业用人满意度评价人才培养质量，使人才培养评价标准与行业企业用人标准无缝对接。

（三）能力提升——赛教融合一体化

职业技能大赛是课程体系的有机组成部分，可视为能力培养实训体系的高端延伸和优化手段，代表职业教育的方向，彰显职业教育的特色，是职业教育提质培优、赋能育人的应然手段，也是整个世界普遍认同和践行的职业教育通行育人机制和逻辑必然。技能大赛的重要性在于：一是有利于职业教育观念更新，确立"能力本位"思想；二是有利于彰显职业教育的特色，促进课程改革深化；三是有利于校企合作整合，促进人才培养模式的转变；四是有利于展示教学成效，促进教学质量提升；五是有利于选拔技能拔尖人才，促进全社会重视职业教育，优化职教环境氛围。技能大赛的实施要重视赛教融合一体化，做到赛教育人协同化、赛项资源普惠化和赛事训练实战化。

1. 赛教育人协同化

将技能大赛与教学结合、联合企业协同育人是赛教融合的重要经验之一。完善赛教融合方案、共同指导赛训，实施协同育人，全面解决技能竞赛与日常教学"两张皮"的问题。同时，将国家、省级、学校三级比赛机制全面融入教学过程，教砥砺支撑赛，赛拉抬提升教，二者协同并重，取得赛教双赢的显著成效。

2. 赛项资源普惠化

开放"赛教融合"校内生产性实训基地，营造学生在时空上自由进出实训场所的环境，学生可利用课余时间，用密码、指纹等"全天侯"进出实训室开展项目实训。这样将赛项资源惠及全体学生，为每个学生提供锻炼的机会，营造公平的学习和训练环境，而不是仅仅服务于几个参赛选手，使技能大赛沦为有失公平的另类的"精英"教育、"掐尖"教育，这与赛教一体化、惠及一切学生的理念是根本背离的。只有赛项资源普惠化，让更多的学生普遍享用优质教学资源，参与到创新创业、技能竞赛等活动中，使其职业技能与职业素质得到开发和培养，才是技能大赛举办的本心和初衷。

3. 赛事训练实战化

技能大赛融入育人过程必须注重实战化。实战化，一要设置真实化赛项，即选择源于行业企业、能与岗位对接的真实典型项目，这样才能岗赛一致，练就岗位需要的真实技能；二要比拼高端化赛技，即技能的比拼，尽可能选择吸纳行业发展的前沿技术、技能，发挥大赛的标杆、导向和引领作用；三要赛程训练严格化，即赛训过程一定要严格要求，精益求精，按照工匠、大师的标准去苦练严训；四要结果评价公正化，杜绝评定过程的作弊等干扰，保证评价结果的客观、公正和信度。

（四）终端检验——证书验收达标化

这里所指的证书包含学历证书和职业技能等级证书，是学习结果达标的一种证明，是一种检验机制。岗课赛证融合培养模式是以取证为终点的模式，构成了一个完整的人才培养链。有学习，无证书，是没有达标的学习；有证书，无学习，是注水假冒的证书。

《国家职业教育改革实施方案》提出的1+X证书制度，"1"即学历证书，"X"即职业技能等级证书，不仅是一种促进"三教"改革的有效举措，而且是学生培养终端检验的内涵所在。

第三节　"岗课赛证融合"背景下职业院校教学

管理改革从"课岗对接""课赛衔接""课证融通"到"岗课赛证融合"是职业教育人才培养和课程系统性变革的重要策略选择，是深化产教融合、校企合作和工学结合的必然举措。《教育部关于学习宣传贯彻习近平总书记重要指示和全国职业教育大会精神的通知》（教职成〔2021〕3号）明确提出"探索'岗课赛证'相互融合，把住1+X证书制度质量关，引导职业学校充分利用行业龙头企业在专业人才培养和评价方面的成熟标准，结合自身实际，充实改造提升相应课程和专业"。对于职业院校来说，"岗课赛证融合"带来的不仅是课程结构、课程体系和课程内容等方面的改革，还包括不同利益主体之间治理结构、治理能力和治理体系的变革。如果不从协同治理的角度去审视"岗课赛证融合"，就很难将"岗课赛证融合"做得深入、做得高效，而职业院校作为"岗课赛证融合"的首要承担者，迫切需要探索教学管理（治理）改革的新思路和新途径。

一、"岗课赛证融合"与职业院校教学管理改革的迫切性

"岗课赛证融合"涉及四个要素："岗"即工作岗位，"课"即课程，"赛"指职业技能大赛，"证"指职业技能等级证书。目前，全面推行"岗""课""赛""证"四者深度融合的实践成果还比较少，主要的改革实践集中体现在四者中二者或三者之间的融合上，一些地方和职业学校开展"岗课赛证融合"的高技能人才培养模式改革，形成了"课证融通""赛教融合""赛证课相通"等模式，取得了显著成效。"岗""课""赛""证"四要素之间的融合是一项系统工程，除了课程本身的结构性改革之外，还需要教学管理层面的协同改革。

（一）准确理解"岗""课""赛""证"

"岗"是技术技能人才的职业归属，是技术技能人才所承担工作任务的来源，是职业教育课程的决定性因素；人才培养目标厘定、专业课程开发、实践教学实施、技术知识积累等都离不开"岗"。"课"是技术技能人才培养的载体，是技术技能人才从学生变为员工的桥梁，是这四个要素的核心，包括课程结构、课程体系、课程标准和课程内容等亚要素。"赛"是检验学生学习成果

的重要手段，是课程教学突出成果的展示，职业技能大赛的竞赛项目、竞赛内容、竞赛规程、评审标准和竞赛视频等可以转化为课程教学资源。"证"是指职业技能等级证书或职业资格证书，这里主要指职业教育 1+X 证书制度范畴中的职业技能等级证书。作为技术技能人才的某种职业技能表征，"证"将职业技能等级标准、培训内容和技能考核与职业院校的专业教学标准、课程内容和课程考试充分对接。

（二）正确阐释"融合"的深刻含义

"岗课赛证融合"的联结点和落脚点是课程，"融合"意味着在对接岗位需求的基础上，课程应当充分地与职业技能竞赛和职业技能等级证书等衔接沟通，真正实现以赛促教、以证培技、课为岗用的目标。让课程内容与评价考核更好地对接职业标准和工作过程是当前课程改革的目标之一，职业院校要根据生源的特点、岗位要求以及职业教育特有的大赛和证书机制与标准，深化课程改革、优化课程内容、更新教学方法，强化学生在知识技能学习过程中的主体地位，并建立成果导向的课程教学评价体系。通过"岗""赛""证"与"课"的全面融通，将新技术、新规范、新工艺和新要求融入人才培养过程，从而使技术技能人才培养主动适应产业发展新趋势和就业市场新需求。

（三）充分认识教学管理改革的迫切性

推进"岗课赛证融合"离不开职业院校教学管理改革，一方面，课程改革和实施在很大程度上是由大环境决定的，仅仅靠教师个体的参与和努力是远远不够的；另一方面，教学管理贯穿于教学工作的各个阶段，关系到教学资源优化配置的实现、教学计划的科学安排、教学秩序稳定的维持等重要工作，是推动课程改革的关键力量。

通过教学管理改革，建立推进"岗课赛证融合"的组织、协调机制和管理制度，继而从促进各利益相关主体协同合作的层面使课程与岗位、大赛和证书形成四位一体的结构。同时，要关注教师课程改革能力和教学管理者的治理能力，这是实现"岗课赛证融合"的关键。此外，还要加强质量文化建设，通过强化职业院校办学质量的道德意识、目标意识和监控意识，优化办学条件与教学资源保障和组织管理行为，促进"岗课赛证融合"落地见效。

二、以组织机构变革统领"岗课赛证融合"机制建设

"岗课赛证融合"是以课程为中心的协同性改革，职业岗位、职业技能大

赛和职业技能等级证书是职业院校课程改革的直接影响因素，它们通过影响课程而影响人才培养。从任务的难度看，课程改革比教学改革复杂得多，它可能涉及课程体系的重新设置、课程标准的重新编制、教材的重新编写等问题，其中每一个环节都需要教师付出大量劳动。从任务的主体看，课程改革是由国家、学校和社会间多向互动产生的，是一个系统工程，涉及众多主体和要素。不同于一般的课程改革，"岗课赛证融合"的课程改革更加复杂，不仅需要教师付出大量劳动，还需要更多主体参与并付出大量劳动。"岗课赛证融合"的课程改革参与主体包括行业企业、大赛举办与评审机构、职业教育专家以及职业院校。在职业院校内部，参与主体包括教师、学校的管理者尤其是教学管理者。没有以上主体的深度参与和协同合作，"岗课赛证"就不可能通过课程而融合。因此，职业院校要抓住"课程"这一中心环节，深化自身与行业企业、大赛机构等各相关主体的通力合作，建立发挥各方力量、利用各方优势资源的课程改革协同机制，而首要的便是建立行政与研究机构、学校与企业、管理者与教师共同参与的课程改革组织机构与工作团队。

第一，国家或地方政府应建立包括教育行政部门领导、行业企业专家、职业教育专家、一线教师等成员在内的职业教育课程改革指导委员会。该委员会作为一个职业教育课程改革的指导、咨询与研究机构，负责为职业院校推进"岗课赛证融合"的课程改革提供全方位的咨询指导，包括组织职业院校在国家职业教育专业教学标准和"岗课赛证融合"理念的框架下研制专业课程标准、学业质量评价标准等，指导专业课程实施与评价、教材开发与管理，为行政决策和教学改进服务。

第二，职业院校从专业群组织管理角度出发，成立以专业群为单位的课程改革工作团队，该团队由学校领导、教学管理部门、专业带头人和骨干教师以及行业企业专家组成，主要职责是分析研讨职业工作岗位、职业技能大赛、职业技能证书等各方面的要求，进行课程改革的规划、实施和管理。课程改革工作团队要以专业课程改革为主线，搭建职业院校与行业企业在课程开发、教材编写、教学改革方面的合作平台，开发"岗课赛证融合"课程及其教学资源库。可根据现实需要，在该工作团队下设课程改革咨询团队、课程改革实施团队、课程改革管理团队等组织机构，充分发挥不同主体的能力和资源优势，协同推进"岗课赛证融合"背景下的职业院校课程改革。

第三，要加强制度供给，构建适应"岗课赛证融合"需要的课程建设制度、教学改革与教师培训制度、职业技能竞赛管理与激励制度、职业技能等级证书培训与管理制度等，通过制度体系及治理能力建设为实现"岗课赛证融合"保驾护航。

三、以教学管理队伍建设提高"岗课赛证融合"能力

"岗课赛证融合"需要专业能力支撑，职业院校应全方位提高专业教师的课程改革胜任力、教师教学创新团队合力和教学管理队伍的专业化管理能力，从而在这些能力的实践转化中提高"岗课赛证融合"的实现程度。

（一）提高专业教师的课程改革胜任力是前提

在面向"岗课赛证融合"的课程改革中，专业教师是绝对的主力军，这也就意味着教师必须具备相当强大的课程改革能力。面对"岗课赛证融合"的新挑战，职业院校应重点关注并致力于提高专业教师的课程改革胜任力，包括技能大赛驾驭与指导能力、职业技能等级证书培训能力、课程设计与规划能力、课程分析与开发能力、课程评价与研究能力等。

第一，职业院校教学管理部门可组织开展一系列针对教师课程改革胜任力提升的专业化培训，深化教师对职业教育课程改革诸因素的理解，提高教师"岗课赛证融合"课程改革的专业化水平。在培训内容上，紧紧围绕岗位任务分析技术、课程规划与开发技术、课程组织与评价技术、课程教学标准研制、职业教育新型教材开发、职业教育课程研究方法以及1+X证书制度等方面展开，并设计阶梯递进式培训课程体系；在培训方式上，除了常规的专题讲座之外，主要采取"工作坊""研讨班""现场会"等理实交替的方式进行，突出理论与实践、知识与情境的高度融合；在培训管理上，将"岗课赛证融合"课改培训纳入教师继续教育和业务学习的重要模块，确保每位专业教师都参与进来，引导他们将培训、反思、研究和实践应用衔接起来。

第二，职业院校教学管理部门要通过制度设计鼓励和支持教师进行"岗课赛证融合"背景下的课程改革研究与实验。一是建立课程改革研究制度。设立"岗课赛证融合"专项研究课题，定期组织召开"岗课赛证融合"课程改革研讨或分享会，集中研讨课程改革中遇到的难点和痛点，并寻求解决问题的思路和措施。二是建立课程改革成果评价和激励制度。定期组织优秀课改方案、优秀教材（或讲义）、优秀课例、优秀课改论文和研究报告等评比，对在"岗课赛证融合"课改实验中取得突出业绩的个人和团队予以表彰和奖励。三是建立课改成果推广与宣传制度。重视总结"岗课赛证融合"的校本经验，及时在学校和区域内推广先进经验，在"岗课赛证融合"领域培育省级以上教学成果奖。

（二）提升教学管理人员的专业化水平是关键

在"岗课赛证融合"背景下，职业院校教学管理应当关注拓宽学校课程建设及其管理的主要内涵，扩展并深化各项教学管理内容，引导各部门相互协作创新，及时更新管理人员培训内容，深度结合岗位、技能大赛与技能证书的要求，构建多方人员沟通以及教学资源整合的新型体制机制，并将重心落在课程质量把控上。

第一，要加强教学管理人员专业化培训，提升教学管理人员面向课程与教学改革的领导意识和服务意识、从事教学管理工作的专业化意识，不断调整优化教学管理方法和手段，提升课程和教学管理工作效率，着重发展管理人员专项业务能力，并引导管理人员将专业化能力迁移到工作的各个方面。

第二，职业院校要制定教学管理人员专有的、体现教学管理规律的考评制度和激励机制，鼓励教学管理人员面向新形势、新挑战的终身学习。尤为重要的是，要为教学管理人员拓展进修渠道，深化教学管理人员对职业岗位、职业技能等级认定等重要领域的认知，增进他们对职业技能大赛机制与特征、职业技能等级证书考评要求与课程教学之间关系的理解，引导他们在教学管理实践中审视和反思工作作风、过程与成效，提升课程与教学服务意识和水平。

第三，探索教学管理部门、专业系部、专业教师之间的协同机制，清晰划分各教学管理部门与专业系部的工作职责，进一步形成"岗课赛证融合"的课程管理目标、方案和规范。

总之，要推动教学管理队伍的专业化，让教学管理根据课程改革新要求、新趋势及时更新调整成为常态。

（三）加强教师教学创新团队建设是重点

要真正在课程与教学的实施层面实现"岗课赛证融合"，仅靠教师个人是无法完成的，需要从学校层面建设以课程或课程群为单位的教学创新团队，从而提高"岗课赛证融合"课程改革的执行力。这种教学创新团队的特点是专业水平高、体现"双师结构"、凸显分工协作和突出成果创新，在团队成员共同参与、分工协作的基础上，重构面向"岗课赛证融合"的能力模块化课程体系，创新模块化教学模式。

第一，制定一系列旨在提升团队建设质量的内部制度规范，包括团队成员考核评价办法、团队成员成果奖励办法等。为保证教学创新团队建设活力与持续创新，建立团队成员动态调整制度，在保持总体队伍相对稳定的前提下，调整工作不积极、成果培育效果差的成员，积极吸纳新的成员，为提升团队的教学与科研能力提供坚实保障。

第二，学校在资助经费使用上采取一定的"特区"政策，给予创新团队较大的经费使用自主权。在明确队伍建设、教学改革、科学研究投入等的使用比例后，给予较为充分的信任，通过全面授权使团队成员在高质量完成工作的方式、进程等方面不受外界的干预，形成一种内在的控制机制。

第三，通过制度规约定期召开团队建设研讨会和经验交流会，发挥传帮带作用，促进团队整体水平的提升，并定期组织专家对团队建设予以指导，为团队建设提供政策及技术上的保障。

四、以质量文化建设引领"岗课赛证融合"纵深发展

推动"岗课赛证融合"的课程改革，有必要引进质量文化概念。质量文化的概念诞生于美国朱兰博士所编著的《质量控制手册》一书，特指人们与质量有关的习惯、信念和行为模式，是一种思维的背景，最初在管理领域得到使用。质量是"岗课赛证融合"的生命线，生成于有理念、有目标、有监控和有保障的教学管理之中。"岗课赛证融合"的质量文化是指在对接职业岗位、职业大赛和职业技能等级证书的课程改革过程中，教师和教学管理人员充分意识到课程质量、教学质量和学习质量的重要性，对质量观念、质量目标和质量监控行为等方面有无条件的认同和自觉的实践，并形成稳定持久的影响力和心理场。从外延看，"岗课赛证融合"的质量文化包括教师和教学管理人员秉持的课程质量理念和价值观、课程质量制度与规范，以及为提高课程质量而采取的各种行为方式，其中课程质量理念和价值观是质量文化建设的根本。

课程是"岗课赛证融合"的要素，更是产品，必须保证其质量。教师的教学质量与学生的学业质量都与课程紧密相连，职业院校的质量文化建设也就是一种引领课程质量提升并以课程质量为灵魂的理念、制度和行为建设。

第一，职业院校质量文化建设应致力于在全体教职员工心目中树立课程质量至上的意识和理念。职业院校在课程设置、课程实施、课程建设、课程管理以及课程改革等各个环节和维度都以追求质量、提高质量为第一要务。职业院校教学管理人员应将课程管理作为教学管理工作的中心任务，充分认识职业教育课程的职业性、专业性与实践性，具有面向产业需求与职业岗位的课程建设与管理意识，通过规范、严格的制度性安排并在管理上提供充分的便利，保证教师在课程开发、实施和改革过程中与行业企业的密切联系，在持续的实践和改进中增进教师对职业岗位、职业技能大赛以及职业技能等级证书等的理解，

为教师进行课程改革提供更多的资源和平台。职业院校教学管理人员应放宽对教师课程开发和实施过程的人为限制，将管理重心放在把控课程质量上。

第二，职业院校质量文化是一种尊重需求的人文文化，树立课程质量至上的意识要重点关注课程中的教师和学生，关注教师作为课程实施主体、学生作为课程学习主体的多元化需要，尤其要关注教师、学生在课程实施和学习中遇到的难题和困境，通过及时了解师生的需要，积极主动为教师进行课程改革、学生开展课程学习提供支持性服务。

第三，职业院校质量文化通常融于教学质量管理制度、方法和组织架构等要素中，因此，要通过健全质量制度、优化质量管理模式和质量评价方式以及精简质量管理组织架构，促使教师获得追求课程质量目标的体验和动力。

第四，在持续推动课程改革过程中生成和更新质量文化是职业院校质量文化建设的核心。这就要求教师和教学管理者主动保持与产业和职业教育发展中新观点、新需求以及新态势的紧密联系。教学管理者应充分尊重教师在课程改革中的主体地位，充分发挥教师课程改革的积极性和创造力，为教师不断提高课程质量提供全方位的保障；教师则将"岗课赛证融合"的课程改革当作新时代职业教育课程改革和全面提高教学质量的突破口，从而为推动职业教育高质量发展注入新的动能。

第四节　大职教观下职业教育"岗课赛证"融合育人

融合育人的路径当前，全球产业发展呈现出明显的集群化特征，对技术技能人才的规格提出了新的要求。为适应经济社会发展新形势，我国教育界专家学者重新审视百年前黄炎培先生提出的"大职业教育主义"思想，并汲取其中的精华，融入现代职业教育人才培养的新思想和新理念，形成了新时代的大职教观。"岗课赛证"融合育人是现阶段我国职业教育人才培养的重要模式。以大职教观视野审视职业教育"岗课赛证"融合育人，帮助广大职业教育工作者更加深刻及全面地理解"岗课赛证"融合的内涵，掌握实施"岗课赛证"融合育人的方法和手段，提升职业教育人才培养质量，助推职业教育高质量发展，这是本节研究的出发点和落脚点所在。

一、基于大职教观的职业教育"岗课赛证"融合育人的学理基础

基于大职教观的职业教育"岗课赛证"融合育人，并非某种教育理论与教

育实践的简单叠加，而是有着深刻的学理基础，集中体现在大职教观与"岗课赛证"融合育人实践之间的内在统一和有机联系，具体表现在以下三个方面。

（一）职业教育的社会化育人

社会化是职业教育的本质，也是大职教观的核心。职业教育作为与经济社会发展联系最为紧密的教育类型，只有在社会化的过程中，才能葆有旺盛的生命力，也才能充分承担起自身的社会职能。大职教观下的职业教育社会化，对职业教育办学提出了两个层面的要求。一是职业教育要面向社会需求办学。黄炎培先生曾明确指出，"办理职业教育，必须注意时代趋势和应走的途径，社会需要某种人才，即办某种学校"。不同的时代处于不同的经济社会发展阶段，对技术技能人才的能力素质要求也不相同。职业教育以社会需求为导向培养人才，需要时刻与经济、社会、产业、行业保持密切联系，尤其是不能"关起门来"办学。二是职业教育人才培养要采用社会化育人模式。我国著名教育家黄炎培先生认为，职业教育人才培养要遵循"做学合一"的原则。职业院校学生除了在校进行专业学习外，还应当到工作单位进行顶岗实习，证明能胜任工作后，才有资格获得毕业证书。职业院校要加强与社会的联系，实现学校与社会共育人才、共管人才培养。

职业教育"岗课赛证"融合育人充分反映了职业教育社会化办学的思想主张，是黄炎培先生大职教观的当代应用。首先，从"岗课赛证"的要素属性看，"岗"与"证"都属于社会元素，而"课"与"赛"则属于教育元素。"岗课赛证"融合育人的要点在于对标企业岗位与职业资格证书、职业技能等级证书建设职业教育专业课程，推动职业教育专业课程内容与企业岗位的技能需求、职业资格证书及职业技能等级证书的考核内容相一致，以促进社会元素与教育元素相对接，使职业教育人才培养体系与经济社会发展需要高度匹配，而这正是大职教观的基本主张。其次，从职业教育人才培养模式看，"岗课赛证"融合育人要求把入企顶岗实习环节融入专业课程教学过程中，支持鼓励职业院校学生在校期间考取职业资格证书或职业技能等级证书，由此从教学实施和人才评价两个方面推进"做学合一"。可见，"岗课赛证"融合育人的内涵与大职教观的主张和要求具有内在的一致性，以大职教观指导职业教育"岗课赛证"融合育人具有坚实的学理基础。

（二）职业技能人才的全面发展

职业教育是培养技术技能人才的实用型教育。职业技能人才的全面发展是指职业教育对象除了要掌握扎实的专业技术知识和过硬的实操技术技能外，还应树立起正确的世界观、人生观、价值观，拥有良好的道德品格，具备优秀的职业素养等。注重人的全面发展是大职教观的重要内容，也是职业技能人才培养理应遵循的基本理念。黄炎培先生曾在文章、演讲、书信中反复强调职业教育要促进学生个体的全面发展。例如，他在中华职业学校开学集会的演讲中要求全校学生要拥有"金的人格""铁的纪律"，具有高尚纯粹的人格、博爱互助的精神、侠义勇敢的气概、刻苦耐劳的习惯。再如，他曾说："仅仅教学生职业，而于精神的陶冶全不注意，是把一种很好的教育变成'器械的教育'，只能是改良艺徒培训，不能称之为职业教育。"黄炎培先生在高度重视学生人格和精神教育的同时，还非常注重学生个性发展和创新精神培育。

职业教育"岗课赛证"融合育人是促进学生素质全面发展的重要手段。职业院校学生大部分属于青少年，正处于正确思想观念、健全人格心理、良好道德品质形成的关键时期，而思想观念、人格心理、道德品质的培育必须在理论与实践的结合中完成。不仅如此，一名优秀职业者需要具备的职业意识、职业精神、职业习惯等综合职业素养，也需要在真实的工作情境中琢磨锻炼，才能逐渐内化于心，成为个体稳定的精神和行为素养。职业教育实施"岗课赛证"融合育人就是要把属于实践教育范畴的"岗""赛""证"与属于理论教育范畴的"课"充分结合起来，使职业院校学生在校学习专业知识与技术技能的同时，也能获得更充分的精神教育和综合职业素养培育，实现自身能力素质的全面提高和个性的全面发展。

（三）职业教育的知能复合性

职业教育的目标是培养能在生产和服务实践中解决各种实际问题的专门人才。实践本身就具有复合性，任何领域的生产实践和服务实践都不可能只涉及单一门类的知识和技能，而是多种学科知识和技术技能的复合应用。因此，职业教育人才培养只有注重受教育者能力形成的复合性，完善受教育者的知识和能力结构，才能培养出适应社会生产和服务实践需要的技术技能人才。黄炎培先生很早就认识到劳动者的知能复合性特征。1913年，《教育杂志》上发表了黄炎培先生的《学校教育采用实用主义之商榷》一文。他在文中尖锐地批判了封建教育专重文字、空疏无用、脱离实际的弊病及其恶果，振聋发聩地主张打破平面的教育，培养知能复合型人才。

职业教育"岗课赛证"融合育人与黄炎培先生的"大职业教育主义"思想中培养知能复合型人才的基本理念具有高度的一致性。从狭义的角度讲，职业教育的知能复合性就是既要教授学生扎实全面的专业知识，又要训练学生精湛实用的实操技能。"岗课赛证"融合育人要求把岗位实际技能需求融入课程内容，把入企顶岗实训嵌入人才培养过程，把职业资格证书及职业技能等级证书考核纳入人才评价体系，使得理论教育与实践教育完全充分地融为一体，真正地把知能复合落到实处。从广义的角度讲，职业教育人才培养的知能复合就是一专多能，不仅要在专业领域有突出的知识、技能和经验，还要具备较高的相关技能。"岗课赛证"融合育人重在实践育人，而走上工作岗位进行劳动实践，对标行业领域中的证书进行学习，比之于远离社会环境、工作环境的课堂教学显然更能激发学生学习多门学科知识、习得多种职业能力和专业技能的内在动力，也更有助于学生形成复合知识、复合思维及复合能力。

二、大职教观下职业教育"岗课赛证"融合育人的内在要求

大职教观视野是一种宏观视野和全局视野，综合性、复合性、联系性、全面性是大职教观的思想特质。以大职教观指导职业教育"岗课赛证"融合育人，需要从综合和全局的角度来分析和理解"岗课赛证"融合育人的特征，同时提出正确的推进路径和方法。基于大职教观视野，职业教育"岗课赛证"融合育人的内在要求主要表现在以下几点。

（一）以培养复合型技术技能人才为根本落脚点

当今时代是全球化的知识经济时代，也是信息时代，学科的交叉融合与信息的高度综合成为现代科技发展的两大特征。现代科学技术集成化与行业产业集群化发展的趋势，不断淡化了专业的概念。现代职业者从事某一工作岗位或某一行业时专业知识储备是必要的，除此以外，对其他专业学科知识的掌握也已成为赢得主动权的重要条件。培养复合型技术技能人才不仅是职业教育本质特征的外在表现，也是新时代增强技术技能人才培养适应性的必然要求。

第一，培养具有复合知识的技术技能人才。复合型技术技能人才应具备宽广的知识面和完善的专业知识结构，其知识体系应以所学学科的专业知识为中心，拥有与该专业相关联的、能产生协同效应的知识群，形成一个适应性极强、应用范围广泛的知识网络，支持复合型技术技能人才高效应对复杂的生产实践场景和突发问题。复合型技术技能人才的知识复合，本质上是知识广度与深度的统一，使得人才的知识结构呈现出复合型状态。职业教育"岗课赛证"融合育人的基础目标正是通过理实结合促进职业院校学生学习和形成复合知识，为其具备复合思维、复合能力打牢基础。

第二，培养具有复合思维的技术技能人才。复合型技术技能人才必然是具备复合思维的人才，复合知识为复合思维服务，而复合思维则是复合能力的重要支撑。复合思维是人们认知世界和分析问题的一种思维方式，具有跨领域、跨系统、跨时空的典型特征。复合思维与局部思维、单向思维相对，强调思维过程的整体性、全面性与复合性，注重事务各方面因素的整体性协调和叠加放大效应，致力于为现实问题提供系统性、全局性的解决之道。职业教育"岗课赛证"融合育人的关键目标就是通过构建社会化、复合型的技术技能人才培养模式，发展职业院校学生的复合思维。

第三，培养具有复合能力的技术技能人才。复合能力是复合型技术技能人才的核心特征。复合能力集中体现在两个方面：一是专业综合能力，即人才综合应用专业学科知识以及关联学科知识来认知和分析事物并解决问题的能力；二是职业综合能力，即人才在职场中所拥有的迁移能力，如领导能力、沟通能力、团队协作能力、创新能力等。职业教育"岗课赛证"融合育人的根本目标是通过工学结合、校企"双元"育人，培育职业院校学生的复合能力，以解决现代社会生产和服务实践中的复杂问题。

（二）以增强融合育人为主攻方向

产与教、工与学、理与实的融合是职业教育的本质要求，也是现代职业教育的突出特征。大职教观下职业教育"岗课赛证"融合育人，深化融合是贯穿始终的方向。

第一，要求职业标准与专业教学标准相对接。自《国家职业教育改革实施方案》颁布以来，全国职业院校普遍开始推行"1+X"证书制度。"岗课赛证"中的"证"既包含职业资格证书，又包含职业技能等级证书，因而以职业资格标准与职业技能等级标准共同构成的职业标准，成为现阶段职业教育专业教学标准对接的关键。职业教育实施"岗课赛证"融合育人，促进职业标准与专业教学标准对接是基本任务。职业院校在人才培养过程中应参照职业标准开发职业教育课程，及时将职业标准引入职业教育教材和教学中，全方位促进职业标准与专业教学标准对接。

第二，要求岗位技能需求与专业课程教学内容相融合。"岗课赛证"融合中的"岗"与"课"分别代表企业工作岗位与职业院校专业课程，而"岗课"融合重点在于岗位技能需求与专业课程教学内容的融合。职业教育在专业课程教学内容的构建上，不仅要强调专业知识的整合性和系统性，还应根据专业对应岗位的实际技能需求，对教学内容进行科学的规划和选择。职业院校实施"岗课"融合应把岗位能力培养作为专业课程教学的重中之重，切实把工作内容转变为教师的教学内容和学生的学习内容，实现学校教学场景与企业工作环境的合二为一。

第三，要求职业技能培训与专业课程教学同步进行。从某种意义上说，"岗课赛证"融合育人是职业教育"工学结合"育人的典型模式，"工"实质上就是职业技能培训，"学"就是专业课程教学。不论是"岗课"融合，还是"课证"融合，落脚点都是职业技能培训与专业课程教学相融合。职业院校实施"岗课赛证"融合育人，应同步进行职业技能培训与专业课程教学，尤其是要统筹安排好教学计划、教学内容、培训场所、实习实训与师资配置，确保证书培训、岗位实训与专业教学过程的一体化。

（三）以深化校企双元育人为核心

大职教观下职业教育"岗课赛证"融合育人，反映出职业教育人才培养两个方向上的教育任务。"课"与"赛"属于学历教育的范畴，是传统学校教育功能的集中体现；"岗"与"证"反映行业企业对技术技能人才能力素质的需求，凸显职业教育作为类型教育的特色与定位。职业教育"岗课赛证"融合育人本质上是基于职业院校与行业企业不同的育人功能，整合校企双方主体的教育资源而形成的人才培养模式。因此，深化校企双元育人是职业院校实施"岗课赛证"融合育人的逻辑必然和重要依托。同时，校企双元育人也为"岗课赛证"融合育人提出了建设方向。

第一，加快构建校企命运共同体。构建校企命运共同体能够打破企业与学校、工作与学习、职业与教育之间的壁垒，超越学校与企业之间因主体性质差异而产生的种种隔阂，集知识教育、职业素养培育、生产实践、技能训练、技术研发和社会服务于一体，达到校企深度融合、良性互动、产教一体的理想境界，为职业教育"岗课赛证"融合育人创造优越的教育环境。职业院校与行业企业构建命运共同体，一方面可以利用企业所掌握的产业资源充实职业院校的实践教育资源，通过校企共建生产性实习实训基地、实验室等方式夯实"岗课赛证"融合育人的物质基础；另一方面可以依托校企共建科研创新平台，双方共同开展技术研发，并将科研成果转化为生产力，从而助推企业技术创新，提升学校的科研能力和技术实力，将"岗课赛证"融合育人推向更高层次。

第二，持续深化校企双元育人。职业教育实施"岗课赛证"融合育人离不开行业企业的参与，发挥企业的育人主体作用是"岗课赛证"融合育人得以实现的重要条件。从逻辑上来说，深化校企双元育人不仅是构建职业教育校企命运共同体的主要目的，也是职业教育实施"岗课赛证"融合育人的内在要求。从实践层面看，深化校企双元育人，职业院校与企业共同开展专业建设、课程打造、教材开发、师资培养、实习就业、教学模式改革等方面的工作，不仅有利于职业院校在人才培养过程中实现"岗""课""证"深度融合，也有利于整体提升职业院校人才培养的规格和质量。此外，职业院校与行业企业共建共享职业培训基地和实训教学资源还会产生"溢出效应"，即面向企业员工乃至社会劳动者开展职业培训，进一步深化"岗课赛证"融合育人的内涵，提升职业教育人才培养的社会价值。

三、基于大职教观的职业教育"岗课赛证"融合育人的实施路径

职业教育"岗课赛证"融合育人是关系着我国技术技能人才培养机制创新与职业院校教学体系改革的系统性工程。以大职教观为指导推进职业教育"岗课赛证"融合育人，重点是实现生产要素与教学要素的融合，建议从以下几个方面着手。

（一）基于企业岗位标准深化专业课程改革，精准促进"岗课"融合

课程是职业教育人才培养的载体。职业院校实施"岗课赛证"融合育人，必须构建符合大职教观、适应产业与市场需求的课程体系。

第一，依据行业企业岗位标准，建立专业课程标准。职业院校推进"岗课"融合，前提需要与行业企业保持密切的联系与沟通，围绕产业发展和市场需求共同开展调研，发挥行业组织的专业指导和桥梁作用，设立校、行、企共同参与的课程开发委员会。在课程开发委员会的指导下，职业院校要树立科学的课程开发理念，合理规划专业课程的建设思路，围绕企业岗位的胜任能力设计课程教学目标，依据企业岗位的技术技能需求制订课程教学内容，按照"工学结合、学做一体"的原则安排和组织教学。同时，职业院校要通过对历届毕业生就业情况的追踪调查，明确学校各专业毕业生的主要就业方向和就业岗位，据此确定专业基础课、专业核心课、专业拓展课的课程结构和课时比重，使专业课程标准与企业岗位标准全面对接。

第二，以岗位能力培养为主线，创新专业课程教学模式。职业院校在专业教学过程中要以岗位能力培养为主线，创新专业课程教学模式。一方面，在教学组织形式上，职业院校要牢牢把握岗位胜任能力这一中心点，以专业核心课程为主体，大力推进在岗教学、模拟教学、案例教学、项目教学等充分体现"工学结合、学做一体"原则的教学方法，提升专业课程教学的实践性和有效

性，确保"岗课"融合得到有效落实。另一方面，在实训教学体系建设上，职业院校应以岗位工作流程与典型工作任务实训为切入点，优化实训教学体系，创新实训教学模式，着力提升生产性实训在专业课程教学体系中的比重，建立"基础技能训练→单岗技能训练→全岗综合实训"分层递进式岗位能力仿真实训教学体系，促进学生专业学习与在岗实训的有机统一与高度融合，实现教学过程职业化、教学内容实践化、教学模式综合化。

（二）举办高水平职业技能大赛，大力推进"以赛促教""以赛促学"

开展职业技能大赛是实现职业教育"岗课赛证"融合育人的重要环节。职业院校举办的职业技能大赛不仅是学生技能水平的比拼场、学校教学成果的检阅场，也是企业形象与企业品牌展示的平台。就职业教育人才培养而言，职业技能大赛既是"风向标"，引领职业教育教学改革的方向；又是"撬杆"，撬动着职业教育教学模式的变革。职业教育实施"岗课赛证"融合育人应强化资源倾斜，举办高水平的职业技能大赛，鼓励学生积极参与，大力推进"以赛促学""以赛促教"。

第一，举办多层次、高水平的职业技能大赛。职业教育实施"岗课赛证"融合育人应在国家级、地区级和校级等层次的职业技能大赛举办工作中同步发力，构建全面促进职业教育教学改革创新的多层次、高水平职业技能大赛赛事体系。在国家级赛事层面，我国已有两年一度的全国职业技能大赛，地区级和校级赛事体系尚不健全。为此，各省市级政府、教育行政部门应充分发挥教育管理职能，建立由政府主导、教育行政部门牵头组织的职业技能大赛组委会，统筹协调技能大赛的筹备和运行工作，联合行业、企业、职业院校共同研究制定大赛方案和保障措施，形成多部门齐抓共管、协同联动的工作机制，促进地区级职业技能大赛举办常态化。同时，各职业院校应深刻认识到职业技能大赛引领和推动教学改革的意义和作用，立足学校办学实际，针对在校学生的能力素质特征，与合作企业、兄弟院校共同举办校级职业技能大赛，鼓励学生积极参与，在大赛中促进学生专业素养和职业能力提升。

第二，以赛促教，以赛促学。职业技能大赛不仅具有检验教学成果的作用，也是推动教师专业发展的重要途径。学生想要在各级职业技能大赛中取得好成绩，教师的指导至关重要。因此，职业院校可以通过积极举办职业技能大赛，鼓励学生积极参与职业技能大赛，激励在职教师强化专业知识学习，重视实操技能训练，研究技能竞赛的比赛内容，了解行业发展动态、企业岗位对学生能力的具体要求等。为更好地指导学生，教师还需改进教学方法、及时更新教学内容，使教学时刻跟上行业发展步伐，以达到以赛促教的目的。同时，职业院校学生群体通过了解和参与各级职业技能大赛，能够更准确、更清晰地认知到所学专业领域的新技术、新工艺、新方法，切身感知到行业发展和企业岗位对专业技术技能人才的能力素质要求，从而明确学习的方向和重点。在参加职业技能大赛的过程中，职业院校学生能够将平时学到的知识和技能应用到实际操作之中，不仅可以检验自身专业知识和能力的真实水平，也可以发现自身知识能力结构的不足，有利于其在日后改进学习方法、提高学习成效，实现以赛促学的目的。

（三）将职业资格证书融入人才培养方案，打造"课证"融合的教学体系

职业资格证书是劳动者个体直接从事某种职业的凭证，是技术技能人才综合职业能力的证明。大职教观视野下，加强职业教育"岗课赛证"融合育人应积极将职业资格证书融入人才培养方案，打造"课证"融合的教学体系。

第一，将职业资格证书融入职业院校教学大纲。教学大纲是职业院校课程建设的框架和依据，"课证"融合意指专业课程与职业资格考证相融合。要在课程教学过程中落实"课证"融合的理念和原则，应在教学大纲中体现职业资格证书的考核项目。职业院校在规划制订教学大纲时应按照专业所对应的职业、岗位所需要考取的职业资格证书，分析相关职业资格证书的具体考核项目和内容，并使其体现在教学大纲的条目和内容中。在制订人才培养计划时，则应将职业资格证书对应的职业技能标准、职业技能鉴定考试大纲和试题库，融入专业教学计划，设置与职业资格证书考核内容相一致的专业课程教学模块，建立"岗—课—证"三位一体的专业课程体系。

第二，按照职业资格证书考核要求设计模块化的教学流程。职业资格证书的考核内容主要分为专业理论与专业实务两个方面，具体考核项目和内容则由相关的知识技能点构成。基于职业资格证书考核的基本特点，职业院校可以设计以模块化教学为特征的教学流程。例如，根据职业资格证书的考核内容，结合院校实际教学条件和需要，整合考核知识与技能，编排设计由简单到复杂的一系列教学模块，每个模块又细分为多个知识获取任务和实际操作任务，以任务引领教学，串联理论知识与操作实务，以任务模块的分析、研究、设计、操作等来达到教学目的。在教学组织过程中，教师可以在每堂课的学习开始前公布本堂课的学习任务，明确学生所需获得的知识技能点。教师在进行阶段性的讲解和示范后，由学生进行实际操作，教师从旁指导并答疑。每项学习任务完成后教师进行现场检查评分，并纳入学生的日常学习表现考评。设计和构建模

块化的教学流程，可以有效帮助学生在学习任务的探究和实施过程中逐步提高动手能力，并深化对专业课程知识的理解，相应的课程学习结束后学生即可参加职业资格证书考试。

（四）创新人才培养质量评价机制，建立"岗课赛证"相结合的四维评价模式

人才培养质量评价是职业教育人才培育体系中不可或缺的一环。职业教育实施"岗课赛证"融合育人需要建立与"岗课赛证"融合育人相适应的人才培养质量评价机制，积极搭建"岗课赛证"相结合的四维评价模式。

第一，建立多元化人才培养质量评价体系。职业教育"岗课赛证"融合育人本身是一种将产业要素、职业要素、教育要素等整合融汇而形成的一种社会化人才培养模式，建立与之相应的人才培养质量评价机制要注重人才培养质量评价的多元化，丰富人才培养质量评价的维度。在评价标准设计上，应以专业为单位，依据企业岗位用人标准，围绕岗位胜任能力，制定教学质量评价标准和人才培养质量评价标准；在评价方式上，应根据专业课程、职业技能大赛、行业认证的具体情况，采用凸显多元化特征的四维评价模式，即与"岗"对应的企业评价、与"课"对应的学校评价、与"赛"对应的社会评价、与"证"对应的行业评价。通过综合企业、学校、社会、行业四个领域的评价结果，形成立体化、多维度的人才培养质量评价体系。

第二，建立兼顾过程与结果的人才培养质量评价办法。检验和评价"岗课赛证"融合育人的最终成效既要关注人才培养过程，也要重视人才培养最终成果。关注人才培养过程有利于发现职业院校"岗课赛证"融合育人模式的不足和缺陷，重视人才培养最终成果是科学评价职业院校"岗课赛证"融合育人质量与成效的必然要求。职业院校在日常教学过程中应建立随堂考评的人才培养质量保障制度，即在模块化任务式课堂教学过程中由教师根据学生的课堂学习和实操表现随堂考评打分，并作为学生学习过程评价的依据。除此以外，职业院校还应基于学生岗位胜任能力形成的阶段性特征，建立月度考核、学期考核与年度考核的周期性评价制度，定期对学生进行专业知识与实操技能的考评，以此作为学习结果考评的依据。学生考核可分为理论知识考试和操作技能考核两部分。操作技能考核主要考核学生的职业素养和技能水平，其中，职业素养宜采用过程性评价，技能水平考核则应融合过程性评价和结果性评价，以确保对职业技能人才培养评价的全面化和科学化。

（五）优化教材建设机制，打造融合"岗""证"的新型专业教材

教材是职业院校专业课程教学内容的主要载体，是职业教育人才培养体系的重要构成要素。职业院校专业教材质量的优劣直接影响着技术技能人才培养质量。加强职业院校"岗课赛证"融合育人应优化教材建设机制，打造融合"岗""证"的新型专业教材。

第一，加强教材编写过程中的产学结合，提高教材编写的针对性。职业教育"岗课赛证"融合育人，推进校企协同育人是基本方向。优化职业院校教材建设机制，在教材内容上应充分体现"岗课赛证"融合的理念和需求。对此，职业院校要建立由在校学科带头人、专家学者主导教材规划设计，由一线骨干教师、企业技术人员、工程师、行业资深人士参与编写的教材编写机制，强化教材与岗位工作、市场需求的密切联系。在教材内容构成方面，基础理论知识应少而精，专业知识应具备针对性，实践知识应注重实用性，以适应"岗课赛证"融合育人的教学需要。

第二，加强教材动态管理，提高教材内容更新频率。职业教育"岗课赛证"融合育人是以实践育人为主的人才培养模式，与"岗课赛证"融合育人相适应的职业院校教材也应面向产业生产实践，加强教材动态管理，使产业生产技术发展动态能够及时体现在教材内容中。一方面，在教材呈现形式上，职业院校应着重开发活页式教材、工作手册式教材。活页式教材将原本系统的专业知识分解为众多相互关联的知识模块，可以良好地适应模块化教学需要。工作手册式教材为学生提供简明易用的实用指导信息，可以满足学生在工作现场学习的需要。职业院校开发这两类教材不仅有利于推进"岗课赛证"融合育人，也有利于提高学生学习效率。另一方面，在教材管理上，职业院校要建立与行业组织、企业紧密对接的动态化教材管理机制，加强与行业企业的联系和沟通，及时获知企业技术更新信息、产业发展动态信息以及市场需求变化信息等，第一时间将产业生产实践和技术升级的变化反映在教材内容上。

第三，强化信息技术应用，提高教材建设的现代化水平。职业院校实施"岗课赛证"融合育人应重视信息技术在教材建设中的应用，大力引进信息技术，开发和编写数字化、网络化教材，给师生提供诸如网络题库、课件等多元化参考资料。在条件允许的前提下还可以开发适用于沉浸式教学的虚拟现实教材，使师生双方能接触到多样化的教学素材和学习内容，从而提高教师教学和学生学习的效率。

第五章　岗课赛证融合下人才培养

随着经济社会发展对职业技术人才的素质要求的变化，职业教育思想和理念也在不断地发生变革，职业教育人才培养观亦随之变化，从而推动了职业教育人才培养模式的变革创新与多元化发展。

第一节　职业教育人才培养模式

一、职业教育人才培养模式的内涵、构成要素

（一）内涵

1. 模式

"模式"是目前职业教育改革与发展中出现频率较高的关键词之一，例如"办学模式""教学模式""人才培养模式""产教融合模式"等。那什么是"模式"呢？"模式"英文写为"pattern"，它的意思指模型、典型、事物的标准样式。《辞海》解释为："亦译'范型'。一般指可以作为范本、模本的式样。"《现代汉语词典》解释为："某种事物的标准形式或人可以照着做的标准样式。"可见，模式是一种科学的认识和思维方式，是把好多年来从书本上学到的理论知识运用到现实生活当中的方法过程。模式也是一种非常合理的引导方式。在老师和成功人士的指导下，就会更快也能更好地完成工作任务，设计出更加合理，更加优秀，更加贴合实际、满足要求的设计方案，才能够达到我们所追求的方便简洁、费力少、收获大的效果，并找到合理完美解决问题的最佳方法。

根据上文所表达的内容，可以定义模式是对一种事物的结构和发展过程以及这些部分之间的相互关系的一种抽象、简约的描述，是对理论与实验检验可以照着做的标准形式。将模式研究引入教育科学的研究之中，主要是为了透

过当代的教育现象，撇开教育中非本质、次要的属性和因素，凸显其结构、关系、状态、过程，以便获得对教育更深刻、更本质的认识，以用于指导教育实践。

2.职业教育人才培养模式

所谓职业教育人才培养模式，同时具备了职业教育和人才培养模式的两个特点，是在一定的职业教育思想和理论的引导下，以学生的职业能力的形成为方向，以技术知识和工作过程知识为核心，以校企合作、知行合一为主要教育形式的教育教学组织形态和运行方法。职业教育人才培养模式包含三层基本内涵：一是目标体系，二是内容体系，三是方法体系。

第一，目标体系明确了职业教育的培养目标，即培养拥护党的基本路线，适应生产、建设、管理、服务第一线需要的，德、智、体、美等全面发展的高等技术应用型专业人才；学生应在具有必备的基础理论知识和专业知识的基本上，重点掌握从事本专业领域实践工作中的基本能力和基本技能，具有良好的职业道德和敬业精神。

第二，内容体系。培养人才是根本职责，教学工作是重要使命，教学改革是各项改革的核心，提高质量是永恒的焦点。

第三，方法体系。创新载体既包括校内教育教学活动，更加包括学校设计和组织的校外教育教学活动。创新手段为加强现代教育技术、手段的研究和应用，加速实现教学技术和手段的现代化。创新方法为校企合作、工学结合等。

（二）构成要素

职业教育人才培养模式主要包括教育理念、课程体系、教学策略三个要素。

1.教育理念

立德树人一直是党一贯坚持的教育思想，更是我国在人才培养方面的思维理念依据。

想要培养出更多更好更优秀的青年学生，就需要将思想政治工作中的立德树人作为教育重点内容，从而进一步实现全方位育人、全过程育人。在2019年的教师座谈会上，习近平总书记又进一步指出要把立德树人的根本任务落到实处。把立德树人作为教育的根本任务，就是要求学校不能只重视对学生知识的传授和能力的培养，同时在武装学生头脑方面更需要采用最先进的科学的马克思主义思想，从辩证唯物论的角度将劳动价值观充分融入整个学生思政教育工作的过程中，从而在立德树人正确指导思想下培养出越来越多价值观、世界观、社会观正且具有优良传统的学生人才。只有这样才能早日实现中华民族的伟大复兴，成为走在时代前列的奋进者、开拓者、奉献者。高校作为立德树人的见证者和守望者，必须主动顺应形势变化，充分发挥人才培养主阵地的主力作用，认真贯彻执行《中共中央 国务院关于全面加强新时代大中小学劳动教育的意见》，配备足够的思想政治教育工作者、加大对新时代学生劳动观教育经济物质保障投入、营造良好的学生劳动观教育环境，充分发挥劳育在教育体系中的基础性作用，构建全员、全程、全方位的育人体系。

2. 课程体系

课程体系是指学校中各种课程类型及具体科目的组织、搭配所形成的合理关系与恰当比例，是由各类课程构成的有机的、完整的统一体。课程体系是职业教育人才培养模式的关键所在，具有核心作用，要体现职业能力的培养锻造规律。

（1）课程目标

课程目标是通过学习课程实现的具体目标，然而实现课程目标的意义在于通过知识学习和老师的引导，真正从理论上明白职业教育存在的价值和以后踏入社会的就业取向。课程目标一共有六个特点：一是整体性，很多学科的知识内涵和课程目标都是有着一定关系的；二是阶段性，课程目标不是一下就能实现的，是一个阶段一个阶段的就像爬楼梯一样实现的；三是持续性，比如高年级的目标一定是在实现低年级目标的基础上而延续出来的；四是层次性，课程目标可以分为多个下属目标；五是递进性，低年级的目标是高年级的目标的基础，如果没实现低年级的目标，那达到高年级的课程目标的过程就像盖高楼一样，打不好地基盖出来的楼也是不会稳固的；六是时间性，随着时间的变化，课程的推进，年级也会有变化，课程目标也会做出相应的调整。

（2）课程内容

职业教育课程内容在选择时要注意以下三点：一是课程内容应该按照社会发展、顺应社会的节奏和职业内在的逻辑顺序，不断摸索，不断改进；二是课程内容应该贴近社会，使学生毕业以后能更好地适应社会；三是课程内容也要和学生所学的专业特点相呼应，以专业为主、其他学科为辅，这样才是好的课程。

3. 教学策略

教学策略指的就是教学方法，它会告诉教师如何教学、使用哪种方法能让学生更好地领会其中的意思，同时也会告诉学生如何根据教师传授的内容开展深入学习。在这个过程中，教师应根据实际情况，不断地调整教学方法，因人而异，根据每一个学生的特长、爱好，采用更好更完善的教学手段，实现教学目标。教学策略是职业教育人才培养模式中非常重要的一项，只有方法正确了，才会越走越远；如果方法不正确，就会取得反效果，不但不会有良好的指导作用，还会影响学生以后的发展。

二、职业教育人才培养模式的发展

（一）职业教育模式引进

引进国外先进的职业教育办学模式和课程模式是我国对外交流借鉴的一种重要方式，如20世纪80年代引进了德国"双元制"、21世纪初引进了澳大利亚"TAFE模式"。

（二）职业教育办学合作

中外职业教育合作办学肇始于1983年，南京市教育局与德国汉斯·赛德尔基金会合作建立的南京建筑职业技术教育中心，是中德的第一个职业教育合作项目，由此拉开了中德职业教育合作的序幕。

三、职业教育典型人才培养模式

我国在借鉴国外先进职业教育经验的基础上，立足本国特色，不断丰富和完善政策，促进职业教育的快速发展。在纵向结构上，构建现代职教体系，构建职业教育、职教本科和职教研究生结构，通过"职业教育天花板"实现职业教育与普通教育的衔接、产教深度融合。在职业教育阶段主体结构上，鼓励高等职业教育跨越式发展，鼓励有条件的一般本科应用型转型，坚持学历教育和非学历教育并重、职业教育与职业培训并举。在具体实践中则借鉴德国、荷兰、英国、澳大利亚、美国等发达国家的职业教育经验，积极推行工学结合、校企合作，形成了一批具有代表性的职业教育人才培养模式，如"订单式"人才培养模式、"2+1"人才培养模式、"产学研一体"人才培养模式等。

（一）"订单式"人才培养模式

1. 内涵

"订单式"人才培养模式是建立在学校与企业相互信任、密切合作基础上的，是实施产销链接、对口培养，调动学校、企业和学生的积极性，实现三方共赢、特色明显的人才培养模式。

2. 主要特征

一是学校和企业共同培养人才。职业院校重视把握社会发展趋势、行业发展动态和市场需求变化，面向社会和市场。企业参与教育计划的制定和教育的全过程，具体化教学内容，学校和企业双方共同实施学生的模拟实习等。

二是体系双向对接。职业院校与企业对接，专业与产业、职业岗位对接，专业课程内容与职业标准对接，教学过程与生产过程对接，学历证书与职业资格证书对接，企业用人需要的素质与企业的文化环境对接。

三是严格执行协议。职业院校、企业、学生签订协议之后，严格执行协议，这是"订单式"人才培养模式得以存在的基本保障。

(二)"2+1"人才培养模式

1. 目标

"2+1"人才培养模式的目标有以下几点：一是根据社会对人才的需求和要求，优化人才培养方案；二是针对教学内容、方法、手段、组织形式以及考试等进行深化改革，有效提升教学效率和实际效果；三是积极整合校企资源，实现教学资源的优化配置，提升资源利用效率，使得社会投资能够得到效益回报。

2. 主要特征

一是校企共享资源、优势互补。

二是师资队伍水平得到提升。

三是促进专业建设。

(三)"产学研一体"人才培养模式

1. 内涵

"产学研一体"人才培养模式是在校企合作开发、研究实际技术问题的基础上，以学生的专业素质、实操能力为主，理论教学和实践教学相结合的一种职业人才培养模式。在这种模式中，理论教学以学校为主，实践教学以企业为主。

2. 主要特征

一是学校和企业联合进行优势互补。学校可以建设学生在校外的实习基地，利用学校的优势来建立校办工厂。企业也可以通过为学生提供实习场所获得技术服务，学生可以提前到用人单位进行毕业设计和实践训练。

二是专业建设要与市场完全吻合，市场有什么需求，学校就培养什么。职业院校在专业设置、教学体系、课程内容等方面要完全与市场接轨，学生则要获得与市场需求高度一致的技能和素质。

三是促进科技成果转化。职业院校可凭借人才与智力优势参与企业科研，将职业院校智力因素与企业生产紧密结合，提高企业经济增长率。

第二节　国际职业教育人才培养的先进经验及启示

国外职业教育发端较早，以德国、荷兰、瑞士、英国、美国等为代表的西方国家从二十世纪六七十年代就已经形成了较为成熟的职业教育体系，并不断根据社会经济和产业发展进行适应性的改革与调整，在技术技能人才培养方面成就显著，成为国际上职业教育学习和研究的典范。本节聚焦应用型技术技能人才培养，撷取国外几种具有代表性的职业教育人才培养实践，加以分析论述，以期有所借鉴。

一、国际职业教育人才培养的先进经验

英国、美国、印度等国的职业教育人才培养有诸多值得学习和借鉴的元素。

（一）英国"BTEC"模式

1996 年，英国商业与技术教育委员会（BTEC）同伦敦大学考试与评估委员会合并，成为英国最大的职业学历与学术考试机构——爱德思（Edexcel），并在职业教育与培训过程中形成了著名的 BTEC 模式。该模式把"兼蓄通用能力和专业能力"作为人才培养的目标，尤其强调培养包括自我管理与发展能力、合作能力、交往沟通能力、任务安排与问题解决能力、数字运用能力、科技应用能力、设计与创新能力在内的七大通用能力，进而培养学生的"跨职业"能力，使得学生能够适应不同岗位和职业的要求。

（二）美国"STC"模式

美国职业教育的形成与发展经历了五个阶段：职业教育类型初现—职业技术教育高移和高等教育职业化、服务经济生产—传统教育改造与赠地学院兴起、满足社会需求—从初级学院到社区学院、促进生涯发展—从"STW"（学校到工作）到"STC"（学校到生涯）战略。这一历程提示了美国职业教育与社会文化适应发展、与学术教育融合发展、与社会经济互动发展的内在规律，所以美国

的职业教育也称为"STC"模式，该种模式在实践中积累了诸多优秀经验。

二、国际职业教育人才培养的启示

著名比较教育学家萨德勒（Michael Sadler）曾提出，以正确的态度和严谨的学术观点研究外国教育制度，其实在的价值是为了更好地了解和研究本国的制度。在分析、论述国外职业教育人才培养的过程中，捕捉到了诸多可供借鉴的有益经验，以期对我国改善职业教育技术技能人才培养质量有所启发。

（一）国家和政府的高度重视是前提

在经济社会高速发展的时代，职业教育已经成为影响经济发展、社会稳定的重要方面。国家和政府的高度重视，是职业教育发展和人才培养的政策保障，主要体现在立法保障、经费支持两个方面。

1. 立法保障

坚持立法在先，通过全国立法的形式，为职业教育和人才培养提供保障。例如，德国颁布《手工业条例》《青少年劳动保护法》《劳动促进法》《职业教育法》等，不断地通过制定新法律和修订既有法律的形式对职业教育进行管理监督与组织实施，确保职业教育的快速健康发展，为促进职业院校培养人才、服务社区奠定了基础。

2. 经费支持

经费支持是国家和政府发展职业教育的主要方式之一，其支持力度体现了国家和政府对职业教育的重视程度。纵观各国职业教育经费来源，主要有政府、行业协会、企业、办学机构、培训中心等多种渠道，呈现出多元化的特征。就政府拨款而言，荷兰教育文化与科学部于 2010 年为应用技术大学提供了 23.86 亿欧元的拨款，为学生学费提供了 6.37 亿欧元的拨款，合同收入约为 4.28 亿欧元，政府拨款占 70% 左右，是职业教育最主要的经费来源；其他国家，如美国、德国、瑞士等，政府在职业教育领域的财政投入都比较大，通过财政融资的形式鼓励职业教育积极为经济社会发展服务。

（二）标准化框架体系的构建是技术支撑

1. 建立国家层面的标准框架

在职业教育领域，国家层面的标准框架一般体现为国家职业教育框架、国家职业教育资格框架、国家职业技能认证框架等，具有全国性的规约力量，是各级职业教育必须遵循的最高规范。英国、印度等国家都强调通过"框架"的形式来规范职业教育的办学。例如，英国当前使用的国家资格框架（NQF）是在1997年五级资格框架的基础之上建立的。

2. 建立基于实际的质量保障体系

从世界范围看，各国依据本国职业教育传统和职业教育办学实际，建立了具有本国特色的质量保障体系。例如，德国建立了一个非政府性、分权式的教育认证体系，分为三种，即专业认证、体系认证和对认证代理机构的认证；澳大利亚构建了以实践能力考核为主的考核评价体系，并确定了12种标准测试方法；印度则采取以综合能力考核为主的考核评价方式，对职业院校学生的学业成就进行总体评价。

（三）职业教育国际化、通识化、终身化是必然路径

职业教育的国际化、通识化、终身化，是职业教育的必然发展趋势，是职业教育提升服务能力、实现可持续发展的必经路径。

1. 职业教育国际化

职业教育和培训的国际化是经济全球化的必然前提。经济发展的跨国性、跨境性和全球性对职业教育和培训的资格规范提出了越来越高的要求。因此，加强与国际教育机构、行业协会和知名企业的交流与合作，充分利用国际教育市场，逐步放开国内教育市场，已成为职业教育发展的必然趋势。

2. 职业教育通识化

职业教育的通识化是心灵教育，要求职业教育能够将人文素养、科学素养与专业素养相结合，将应用技术培训与人文社会培训相结合，将专业技术教育与通识教育相结合，将科学技术与综合素养相结合。澳大利亚职业教育的培养目标就是培养高文化、高能力、高素质、高技能的人才，而且每年提供的千余课程中就包含了大量的非职业课程和休闲课程，学生人文素养的培养也得到了有效保障。

3. 职业教育终身化

职业教育终身化体现在构建和完善终身职业教育体系，探索内容多样、形式灵活的职业教育，注重个人综合技能的培养和职业发展。终身职业教育是职业教育人才培养的必然要求，是职业教育改革的重点。可以肯定的是，从终身教育的角度来看，职业教育不是终端教育，职业院校不是获取知识的唯一场所，职前学习也不再是持续培训的唯一阶段。职业教育将对个人的成长和发展产生前所未有的影响。

（四）行业和企业的深度参与是有力保障

行业和企业的多元化参与，深化了职业教育人才培养与经济社会发展的衔接和契合。从国外经验来看，行业和企业参与职业教育的方式主要有两种：间接参与和直接参与。间接参与是指行业和企业通过国家和政府相关政策参与人才培养。例如，澳大利亚要求公司将总工资的 2% 用于培训。直接参与是指行业和企业直接参与职业院校人才培养的全过程，这主要体现在工商代表直接参与职业院校管理和人才培养的全过程。

（五）职业院校主动作为是关键

作为高端技术技能人才培养的主要承担者，职业院校必须主动作为，学习借鉴国际先进经验，立足本土实际，积极探索实验，主动适应经济社会发展趋势，准确回应产业结构调整。这是职业教育满足市场需求、提高服务能力的关键。

1. 对接需求设置专业

职业院校技术技能人才培养的根本服务对象是经济社会和产业发展，所要培养的是直接将科学技术应用于社会实践的专业人员，关系到科学技术转化为生产力的速度和质量，也决定着职业院校毕业生的就业。

2. 多元共建课程体系

课程体系是职业院校改革发展、提高教育质量的重要环节和直接载体，也是构建学生能力的基础和依托。职业院校、行业、企业应当作为职业教育建设和管理的主体，相互合作，共同开发和建设课程体系。同时，学校、企业等多元合作开发课程体系的建设有助于进一步明确人才培养目标、明确培训任务、明确培训路线。

3. 创新课程体系

苟日新，日日新，又日新。创新是我国职业教育改革的必经之路，深植于工匠精神中，我们要创造一个宽容又充满活力的创新环境，充分调动劳动者的积极性、主动性、创造性，培养劳动者的创新动手能力。广大技能劳动者应坚持把守正创新贯穿技能实践全过程，既继承优良传统，又勇于创新创造。

4. 以市场为导向，以职业教育为特色，明确人才培养目标

突出职业教育鲜明特点，以市场需求为依据了解供需关系，调整学校培养人才的趋势，职业教育专业开设紧跟市场需求，创新人才培养模式。课程改革要经过教育形势分析、人才市场需求调查与分析、职业能力分析、教学分析等步骤来设计开发、实施及评价。职业院校要根据职业与未来工作环境特征，构

建完善的知识教学体系，通过不断丰富教学资源提升课程的有效性，让学生能学有所得、学有所用，这也就要求职业教育学校不断学习，把目光放在企业的未来人才需求上，做到未雨绸缪，完善课程资源是重中之重。

第三节　基于技能竞赛的人才培养模式

一、技能竞赛对人才培养的作用

（一）以技能竞赛引领职业院校职业技能培养

职业院校要形成以职业技能竞赛为主导的重要思想，在此过程中不应过分重视在竞争中取得成功，应该秉承着从技能竞赛中有所收获和进步的原则，积极主动地参加竞赛，吸取更多、更新的知识。技能竞赛的创新潜力在一定程度上促进了职业院校的发展，促进了学生创业能力的培养。

职业院校在文化基础和专业的教学方法和内容上存在较大差异。通过专业技能竞赛，教师提高了专业技能和知识，专业技能竞赛相关专业课的师生对现状和市场需求有了直观的了解。这不仅可以使教师在未来的教学任务中合理安排，有效提高课堂教学质量，也使学生能够积极地学习知识。

（二）以技能竞赛规范职业院校技能培养

职业院校进行职业技能竞赛时，可以根据市场的需求，从竞赛层面规范职业院校的专业课教学，为学习对象提供更加真实的操作可能。

1.规范职业技能培养行为

职业院校要高瞻远瞩，把握职业教育培训的发展趋势，找准职业教育培训的方向，树立正确的教育观念，以学习对象的最终就业为目标，加强对学生入学后勤奋精神的培养，以实现学校和企业在后续就业过程中目标的一致性，满足企业对职业教育培训专业人才和合格人才的需求，加强学生、学校和企业之间的需求和供给，从根本上实现职业技能培训的培养目的。

2.规范职业技能培养计划

为了使更多的学生都能积极参加技能竞赛，学校需要制订出规范化的培养计划，再根据技能竞赛的要求去发展现有职业教育模式。

（三）以技能竞赛促进学生职业技能提高

职业院校在进行职业技能竞赛的时候，要根据学生的实际情况，按照不同的年级、专业能力等因素进行比赛安排，必须时刻谨记技能竞赛的宗旨——"以赛促学"，从培养应用型人才的目标出发，充分发挥技能比赛应发挥的积极作用。

第一，在日常教学中全面贯彻竞赛精神和技能竞赛标准，将技能竞赛结果与学生期末成绩考核相结合。在这种模式下，一方面符合教育部的统一要求和标准，另一方面也要因地制宜，客观地结合学校现有设备和其他实际情况，将全国技能竞赛的高标准作为统一标准，以达到"竞争促学、竞争促教"的目的。

第二，在专业课程内容的安排上，要根据不同学生的实际情况进行教学，从不同方面突出教学重点和职业教育的特殊培养目标。教师还可以根据每学期的教学内容和正在实施的教学计划，组织小型专业技能竞赛，在每堂课中评选优秀作品。在学习了一章之后，为了进一步巩固学生所学的内容，教师可以进行模拟技能竞赛，不仅可以巩固学生的基本理论知识，还可以通过模拟技能竞赛的过程来加强学生的专业应用技能，为学生未来就业和进入社会提供了一个提前锻炼和展示技能的平台，并对学生平时的学习起到了一定的监督作用。

二、构建基于技能竞赛的教学管理体系

（一）组织机构和人员安排的合理性

对于我国的职业院校来说，非常有必要设置专门用来培养学习对象实际训练经验的实训机构。在进行职业技能竞赛的时候，应该对所有参与的教师进行年度绩效考核。政府应积极引导技能培训机构的设立，促进技能培训机构的功能不断完善。对于企业而言，应与相应的培训机构建立一定的关联机制，使得技能培训机构的培训效果更加显著。

（二）加强教师队伍建设

一个好的学校必然有师资良好的教师队伍，教师是办学的关键因素，对学习对象进行实际训练的实训基地的管理与发展更是离不开"双师型"教师的参与。"双师型"教师的队伍建设有三种方法：一是聘用有一定教育工作经验的、在企业中同样有丰富实践的工程技术人员到学校任兼、专职教师；二是选派学校的教师深入对应的企业去学习实践、考察，鼓励教师去参加职业技能培训来

取得相关的证书；三是从不同的企业引进专业工程师、技师、管理人员进行教学业务培训，然后使其担任兼职实训教师。

（三）课程设置和教材建设要与时俱进

竞赛的具体安排和设置要紧跟市场的步伐，随时根据市场的人才需求进行调整，以适应市场的需求。在一些专业技术和理论知识更新频繁的专业领域，当书籍的知识更新速度不足以满足市场需求时，学校应安排一线教师到企业学习，增强技能培训的有效性，开设职业技能培训课程，组织优秀教师选编实用性强、操作性强、针对性强的教材，使职业院校学生更容易理解和认识教材。

三、构建基于技能竞赛的评价机制

一些职业院校的综合能力评价体系对学习对象的评价考核也仅是对课堂学习知识的掌握程度进行检验，未能全面考查学生的综合能力，也不利于对学习对象学习能力的提升。各职业院校可以与校外的培训机构合作共同开办证书课程，并在学校内举办技能竞赛，提高毕业标准，建立奖励机制。学生不仅仅要满足学业考试成绩合格的条件，还应该考取一项和专业技能相关的证书，才能颁发毕业证。

第四节　基于技能竞赛的人才培养模式评价

一、评价指标体系构建

（一）评价指标的选取

对于评价指标的选取，应坚持理论与实践相结合的原则，做到理论上合理、操作上可行，而且能够切实反映学生的综合素质。因此，本节选取的评价指标主要包括基本技能、专业技术水平、社会责任感、风险承受能力和团队协作能力等。

（二）评价指标的量化

评价指标的量化有多种方法，对于定性指标可由统计年鉴或相关计算模型获得，而对于定性指标，则一般采用专业打分法，按等级进行赋值。本节所选取的评价指标多为定性指标，因此采用专家打分法进行赋值，赋值标准见表5-1。

表 5-1 评价指标评分取值表

评价指标	评价准则	级别	评分
基本技能	熟练掌握基本技能，能够在生活、工作中应用自如	很好	90~100
	能够掌握基本技能，在生活、工作中可以得到应用	较好	80~90
	基本掌握，应用不够熟练	一般	70~80
	对于基本技能掌握不够全面，只能在部分方面得到应用	较差	60~70
	完全不能掌握，无法正常应用	很差	0~60
专业技术水平	专业技术水平很高，能够熟练解决专业问题	很好	90~100
	专业技术水平较高，可以解决专业问题	较好	80~90
	专业技术水平一般，不能够熟练解决专业问题	一般	70~80
	专业技术水平较差，解决专业问题能力较差	较差	60~70
	专业技术水平很差，完全不能解决专业问题	很差	0~60
社会责任感	社会责任感很强，做事认真负责	很好	90~100
	社会责任感较强，做事较为认真负责	较好	80~90
	社会责任感一般，做事不够认真负责	一般	70~80
	社会责任感较差，做事不认真	较差	60~70
	社会责任感很差，做事敷衍	很差	0~60
风险承受能力	风险承受能力很好，能够承受较大风险	很好	90~100
	风险承受能力较好，能够承受一般风险	较好	80~90
	风险承受能力一般，可以承受部分风险	一般	70~80
	风险承受能力较差，可以承受一些较轻的风险	较差	60~70
	风险承受能力很差，完全不能承受任何风险	很差	0~60
团队协作能力	团队协作能力很好，能够很好地与他人合作	很好	90~100
	团队协作能力较好，可较好地与他人合作	较好	80~90
	团队协作能力一般，与他人合作一般	一般	70~80
	团队协作能力较差，不能很好地与他人合作	较差	60~70
	团队协作能力很差，完全不能与他人正常合作	很差	0~60

二、评价模型构建

(一)层次分析法确定指标权重

1. 构造判断矩阵

将不同的影响因素按照一定的分类方法进行对比分析,使用对比的方法比较同一层的各元素对于上一层的某个元素的相对重要性。标度含义见表5-2。

表5-2 标度含义

标度	定义
1	2个相比较的对象一样重要
3	2个对象相比较,其中一个对象比另一个略微重要
5	2个对象相比较,其中一个对象比另一个较重要
7	2个对象相比较,其中一个对象比另一个很重要
9	2个对象相比较,其中一个对象比另一个非常重要
2,4,6,8	2个对象相比较,比较结论在以上分析值之间,结果处于上述等级中值
分数	若因素 i 与因素 j 相比较得分数 r_{ij},则因素 j 与因素 i 相比较得 r_{ij} 的倒数

对现实的问题进行分析整理,构造出判断矩阵,再根据问题中得到的结果来分析问题中提出的每一个指标的相对重要程度。判断矩阵 A 表示为:

$$A = \begin{bmatrix} a_{11} & a_{12} & & a_{1n} \\ a_{21} & a_{22} & & a_{2n} \\ & & & \\ a_{n1} & a_{n2} & & a_{nn} \end{bmatrix}_{n \times n}$$

其中,A 为判断矩阵;a_i 与 a_j 为两两比较的因素,a_{ij} 为一因素相比另一因素的重要程度,可按上表中的比例标度对重要程度赋值。此外,该式应满足 $a_{ij} = 1/a_{ji}$,$i \neq j$,$i, j = 1, 2, 3, \cdots, n$,$a_{ij} \geq 0$,$a_{ii} = 1$。经专家打分法得到的判断矩阵见表5-3。

表 5-3 判断矩阵

	基本技能	专业技术水平	社会责任感	风险承受能力	团队协作能力
基本技能	1	2/3	1/3	2/3	1/3
专业技术水平	3/2	1	2/3	2/3	2/3
社会责任感	3	3/2	1	4/3	4/3
风险承受能力	3/2	3/2	3/4	1	2/3
团队协作能力	3	3/2	3/4	3/2	1

2. 层次单排序计算

层次单排序就是根据上文中的计算模型所计算出来的数值进行综合排序，层次单排序的数值还可以采用所需要计算的特征值或特征向量，得到矩阵 A 的特征向量 $\overline{W} = (W_1,\ W_2,\ ,\ W_n)$，计算判断矩阵的最大特征根 λ_{max}，计算的公式如下：

$$\lambda_{max} = \sum_{i=1}^{n} \frac{(A\overline{W})_i}{n\overline{W}_i} = \frac{1}{n} \sum_{i=1}^{n} \frac{\sum_{j=1}^{n} a_{ij} W_i}{W_j}$$

式中，λ_{max}——判断矩阵的最大特征根；

n——判断矩阵的行数，即评价结构体系中的子系统指标的数量；

W——判断矩阵的特征向量；

$(A\overline{W})_i$——判断矩阵 A 与特征向量 $\overline{W}$ 相乘而得向量 $A\overline{W}$ 的第 i 个元素。

对判断矩阵进行数据归一化处理，其方法为将矩阵中的每个元素除以其所在列的和，并且要求保留三位小数，即可得规范化判断矩阵，见表 5-4。

表 5-4 规范化判断矩阵

	基本技能	专业技术水平	社会责任感	风险承受能力	团队协作能力
基本技能	0.100	0.108	0.095	0.129	0.083
专业技术水平	0.150	0.162	0.190	0.129	0.167
社会责任感	0.300	0.243	0.286	0.258	0.333
风险承受能力	0.150	0.243	0.214	0.194	0.167
团队协作能力	0.300	0.243	0.214	0.290	0.250

通过计算该矩阵每一行之间的算术平均值，可以得到特征向量为：

$$W = (0.103,\ 0.160,\ 0.284,\ 0.194,\ 0.259)$$

最大特征根为：$\lambda_{max} = 5.049$。

3. 检验一致性

在构建判断矩阵的时候，应充分考虑让判断矩阵成对出现，其主要的目的是尽可能地减小因主观因素造成的干扰。但是结果中可能会出现不一致的情况，检验一致性是十分必要的。CI 度量判断矩阵偏离一致性的计算公式为：

$$CI = \frac{\lambda_{max} - n}{n - 1}$$

计算随机一致性比率 CR 为：

$$CR = \frac{CI}{RI}$$

式中，RI 值可根据表 5-5 给出的数值进行确定。当 $CR \leq 0.10$ 时，判断矩阵一致性较好；反之，则需要修改整理。

表 5-5　平均随机一致性指标值汇总表

n	1	2	3	4	5	6	7	8	9
RI	0.000	0.000	0.515	0.893	1.119	1.249	1.345	1.420	1.462

此时的特征值 $\overline{W_\alpha} = (\overline{W_1}, \overline{W_2},\ \ ,\overline{W_n})$ 就是影响因子 X_1，X_2，，X_n 对于目标层 A 的权重值。

根据所得最大特征根，可得 CI 为：

$$CI = \frac{\lambda_{max} - n}{n - 1} = \frac{5.049 - 5}{5 - 1} = 0.012$$

查表可知 $RI = 1.119$，则 CR 为：

$$CR = \frac{CI}{RI} = \frac{0.012}{1.119} = 0.011$$

由于 $CR = 0.011 < 0.10$，表示通过检验，判断矩阵和得出的权重都是有效的，则评价指标的权重分别为 0.103、0.160、0.284、0.194、0.259。

（二）复合物元模型构建

根据上文中建立的评价指标体系以及层次分析法确定的指标权重，构建复合物元模型，计算各指标值与对应的指标值域间的欧式贴近度，根据计算结果对不同人才培养模式进行综合评价。

1. 构造复合物元

设人才培养模式 M，特征名为 C，对应的量值为 V，则 $R=(M, C, V)$ 为描述人才培养模式的基本元。M 的 n 个特征值 C_1，C_2，，C_n 构成的阵列为：

$$R=(M, C, V)=\begin{bmatrix} M & C_1 & V_1 \\ & C_2 & V_2 \\ & & \\ & C_n & V_n \end{bmatrix}$$

当 m 种模式与 n 个指标结合在一起时，就构成了复合物元，可表示为：

$$R_{mn}=\begin{bmatrix} & M_1 & & M_m \\ C_1 & V_{11} & & V_{1m} \\ & & & \\ C_1 & V_{n1} & & V_{nm} \end{bmatrix}$$

式中，R_{mn}——m 种模式 n 维复合元；

M_i——第 i 种人才培养模式（$i=1, 2, \cdots, n$）

2. 确定从优隶属度

对于越大越好型指标，其从优隶属度计算公式为：

$$u_{ij}=\frac{V_{ij}}{\max V_{ij}} \quad (i=1, 2, \cdots, m; j=1, 2, \cdots, n)$$

对于越小越好型指标，其从优隶属度计算公式为：

$$u_{ij}=\frac{\min V_{ij}}{V_{ij}} \quad (i=1, 2, \cdots, m; j=1, 2, \cdots, n)$$

式中，u_{ij}——从优隶属度；

$\max V_{ij}, \min V_{ij}$——评价指标中的最大值和最小值。

则从优隶属度物元矩阵为：

$$\tilde{R}=\begin{bmatrix} & M_1 & & M_m \\ C_1 & u_{11} & & u_{1m} \\ & & & \\ C_1 & u_{n1} & & u_{nm} \end{bmatrix}$$

3.确定差平方复合物元

为了得到差平方复合物元，首先定义u_{0j}为从优隶属度中的最大值或者最小值，结合上式得到以下数值：

$$\Delta_{ij} = \left(u_{0j} - u_{ij} \right)^2$$

从而得到差平方复合物元$R\Delta$为：

$$R\Delta = \begin{bmatrix} & M_1 & M_m \\ C_1 & \Delta_{11} & \Delta_{1m} \\ \\ C_1 & \Delta_{n1} & \Delta_{nm} \end{bmatrix}$$

4.欧式贴近度计算

贴近度用来衡量标准值与实际值之间的接近度，通过对欧式贴近度的计算得出各人才培养模式排序。此处采用（*，+）算法，即先乘再加法，建立欧式贴近度的复合模糊物元，得到欧式贴近度ρH_j：

$$\rho H_j = 1 - \sqrt{\sum_{j=1}^{n} w_j \Delta_{ij}} \quad (i=1,\ 2,\ \cdots,\ m)$$

得到欧式贴近度物元$R_{\rho H}$：

$$R_{\rho H} = \begin{bmatrix} & M_1 & M_m \\ \rho H_j & \rho H_1 & \rho H_m \end{bmatrix}$$

根据欧式贴近度的大小可以得出基于技能竞赛的人才培养模式在多种人才培养模式中的排序。

三、评价结果分析

采用专家打分法对不同人才培养模式各指标情况进行打分，打分结果见表5-6。

表5-6　专家打分表

项目	基于自主学习的人才培养模式	基于课堂教学的人才培养模式	基于技能竞赛的人才培养模式
基本技能	74	78	83
专业技术水平	62	76	92
社会责任感	71	73	88

续表

项目	基于自主学习的 人才培养模式	基于课堂教学的 人才培养模式	基于技能竞赛的 人才培养模式
风险承受能力	70	72	84
团队协作能力	64	68	93

打分结果均为越大越好型指标，因此可根据公式得出从优隶属度，见表5-7。

表 5-7　从优隶属度计算值

项目	基于自主学习的 人才培养模式	基于课堂教学的 人才培养模式	基于技能竞赛的 人才培养模式
基本技能	0.892	0.940	1
专业技术水平	0.674	0.826	1
社会责任感	0.807	0.830	1
风险承受能力	0.833	0.857	1
团队协作能力	0.688	0.731	1

通过公式得到差平方复合物元，见表5-8。

表 5-8　差平方复合物元计算结果

项目	基于自主学习的 人才培养模式	基于课堂教学的 人才培养模式	基于技能竞赛的 人才培养模式
基本技能	0.012	0.004	0
专业技术水平	0.106	0.030	0
社会责任感	0.037	0.029	0
风险承受能力	0.028	0.020	0
团队协作能力	0.097	0.072	0

根据公式计算可得欧式贴近度为：

$$R_{\rho H} = \begin{bmatrix} & M_1 & M_2 & M_3 \\ \rho H_j & 0.757 & 0.810 & 1.000 \end{bmatrix}$$

由以上结果分析可知，基于技能竞赛的人才培养模式效果最好，基于自主学习的人才培养模式效果最差。因此，建议职业院校采用基于技能竞赛的人才培养模式。

第五节　类型教育背景下"1+X 证书制度"建设

一、职业教育作为类型教育的特征

类型的成立不是同一类事物外在形象的相互抄袭和模仿，而是不同类型事物之间的本质差异。职业教育能成为类型教育，在于职业教育所具有的职业性、跨界性、体系化等特征，由此也使得职业教育的制度创新任重而道远。

（一）职业性

职业教育形式上是教育，核心是职业。职业教育之所以和普通教育不同，首先就是学习的内容不像普通的学校只是单纯地学习文化知识、文化理论，职业教育主要是以学生所选择的专业为基础不断扩展教学内容。这就是职业教育的职业属性，同时是职业教育能够在如今科学教育和网络都飞速发展的社会能够得以生存和不断发展的最本质的基础，这也是它和其他教育不同的最本质的特征。职业教育是一种有着明确的职业定向、岗位针对性的教育，所以职业教育必须以当前社会企业所需要的职业岗位要求为指导方向，教学必须指向职业行动能力，专业设置必须参考区域产业结构。

（二）跨界性

职业教育的跨界性主要体现在职业教育办学的很多个方面。首先，职业教育跨越职业和教育本身，但是又透过某些层面非常有机地融合在一起。它摆脱不了在人们心目中职业的基础印象，又具有十分明确的通识教育的教育属性。因此，职业教育的运行必须协调、跨境。其次，从办学主体的角度来看，职业教育提倡双重甚至多重办学，强调同行业的职业院校与企业的结合，这是职业教育作为一种教育类型的另一个重要特征。再次，从教学过程来看，除了课堂学习知识以外，职业教育更加重视现场教学和实践操作训练。所涉及的活动也不再是单一的，通常在两个或多个地方经过很多次的实际操作和不断联系来完成，跨越工作和学习中所遇到的障碍。最后，从学习内容来看，职业教育不仅涵盖基础的学科知识，还融入所选择的专业和专业的定义标准，教学内容决定了它必须跨越"知识与技能"的界限。有鉴于此，职业教育必须构建校企合作的教育机制，使职业教育既符合职场规律，又符合教育规律。

（三）体系化

改革开放以来，中国职业教育体系也一直在不断发展和完善。现在，我国职业教育的实施主要还是以职业学校为主，其层次包含中等和高等职业教育两个层次，学校名称包含职业高中、中等专业学校、职业中学、技工学校、技师学院、职业技术学院、高等专科学校，等等。

我国职业教育体系两个最重要的特点分别是"分流"与"衔接"。我国教育实行初中之后、高中之后两次"分流"：初中后分流指初中毕业生一部分升入普通高中，另一部分接受高中阶段职业教育；高中后分流指高中毕业生部分进入普通高等学校，部分接受高等职业教育。从层次"衔接"来看，已初步形成了中职—高职—职业本科的衔接；而从生源衔接来看，也初步构建了中高职相衔接的现代职业教育体系。目前，国内许多职业院校扩招专业硕士研究生体现了职业教育层次向上拓展的趋势。但就总体而言，职业教育体系的完备性仍不及普通高等教育。

二、类型教育与职业资格证书制度

职业教育的发展必须具备坚实的物质基础和制度保障，只有完善制度建设才能巩固其作为一种教育类型的地位。就现实而言，推进"1+X证书制度"是强化职业教育类型属性的重要举措之一。虽然职业资格证书制度和职业技能鉴定活动产生于生产体系，但它与职业教育有着密切的联系。一方面，职业教育的发展离不开职业技能的测定，技能测定反映了一个人的技能水平；另一方面，技能等级证书反映了职业教育自身所具有的本质特征，也是职业教育作为一类教育的本质规定性。因此，职业资格证书融入职业教育既适应了两者自身发展需要，也符合人才培养规律。

（一）职业资格证书融入职业教育的模式

从目前的研究成果来看，职业资格证书融入职业教育大体上可以概括为以下三种方式。

第一，构建二者相沟通的机制，在形式上将职业资格证书融入职业教育。目前，国内劳动力市场对劳动者的评价仍然存在学历导向，对劳动者是否拥有职业资格证书并无强制要求，使得学历的拥有者对职业资格证书的认同度降低。此外，一些职业资格证书高额的考试费用也让部分考生望而却步，导致学历证书持有者放弃获取职业资格证书的想法。针对学历文凭与职业资格文凭结合难的现状，改革方式之一是围绕职业院校学历教育而进行必要配套改革，如直接授权职业院校颁发"双证书"。经过评估，可允许办学质量较高、条件较好的职业院校建立资格认证机构，以充分发挥职业院校的社会服务作用。一方面为学生报考资格证书提供便利，有利于"双证书"制度的推进；另一方面能更好衔接职业院校教学内容与职业资格考试内容。例如，天津中德应用技术大学与天津劳动局紧密合作，结合我国职业资格认定标准，对学生进行能力考核，通过学校考核的学生，在毕业时取得学历证书的同时获得相关职业资格证书，减少了学校和社会办学成本。

第二，推行学分制管理。目前，我国现行的职业教育文凭与国家职业资格证书在知识广度和深度上存在一些差异，但同时也有很多相似之处。正是这些部分成为它们之间相互转化的先决条件。例如，国家职业资格证书四级获得者在理论知识方面低于职业教育文凭获得者，在技能方面高于职业教育文凭获得者。保留现有的资格证书，并对不同的资格证书给予一定的学分，可以在不同的教育机构、学术教育和非学术教育、学校教育和社会培训之间搭建一座桥梁。

第三，以职业标准为导向推进课程改革。实践技能缺乏是目前我国职业教育人才培养的主要问题之一，增加实习实训内容势在必行。目前由于专业教学与职业资格之间缺乏有机联系，学生想要获得"双证"除了要学习学校课程外，还需要学习资格考试内容，理论知识重复学习占用大量课时，实践课程有被压缩的趋势。此外，一些职业院校实习实训流于形式，所培养出的人才也缺乏实践技能。有鉴于此，职业院校必须调整课程比例、改革课程结构，增加实习实训时长，提高实习质量，将学生定期送到对口企业进行顶岗实习，培养学生的职业技能，让学生在真实工作环境中学技能。

（二）"1+X 证书制度"

1. 推行"1+X 证书制度"的必要性

随着类型教育的提出，职业教育中原有的单一学历证书制度或文凭制度越来越受到诟病。由于生源、培养、考核等多种原因，我国职业教育文凭的竞争力不强，无法同普通教育的毕业生相媲美；正规学校教育通常忽视了学习内容与职场的关系，导致学习内容与真实生活经验的脱节；职业院校的课程与教学同质化倾向严重，缺乏地域、院校特色；职业教育教学内容更新滞后，无法满足迅速变化的劳动力市场需要；学历教育对学习时间地点的要求，限制了部分就业者文凭获得的途径。正因为这些问题的存在，变革单一的文凭制度迫在眉睫。而这个"1+X 证书制度"就提供了一条改革路径。

"1+X 证书制度"中的"1"指学历证书，"X"指职业技能等级证书。职业教育学历证书是学校职业教育学习凭证，彰显了职业教育"学校教育"和"正规教育"的属性和特征，反映了学校教育的人才培养质量。开展"1+X 证书制度"试点，"1"是人才培养的基础和保障，为"X"证书获得做了必要的知识积累，"X"是学生职业技能的提升。二者不是简单的叠加，"X"证书是在学历证书上进行延伸和拓展并有针对性地强化了实践环节。因此，"1+X 证书制度"不是简单的学历证书加职业资格证书的"双证书"制度，而是将证书赋予学分、配套建立国家学分银行、学分与学历相融、证书与文凭相通、技能等级与国家资格相对接，形成的多元、开放、立体的证书制度。"1+X 证书制度"的精髓是书证衔接和融通。

2. "1+X 证书制度"的框架

"1+X 证书制度"设计必须坚持问题导向，解决影响和制约"1"与"X"的瓶颈，打造职业教育的类型特色。我国教育行政部门正在建立职业教育"学分银行"试点，对学历证书和技能等级证书体现的学习成果进行登记和存储，以便学生和社会人员在接受相关专业学历教育时以及职业资格考试和培训时能够免修相应模块或课程，以学习单元为基础进行赋分，制定转换规则实现对学习成果的认定积累和转换。

3. 基于"1+X 证书制度"的课程与教学改革

课程是目前职业资格证书融入职业教育最有效的衔接点。构建以能力为本位的课程体系是"1+X 证书制度"建设的核心环节，也是提升学生就业能力和职业教育人才培养质量的关键。不过，我国大多数职业院校各门类课程目前仍然是按照知识的逻辑来定位的，而非按照生产实践中工作任务的相关性进行界定，在一定程度上造成课程内容与生产实际相脱节、理论与实践相割裂。从我国职业教育课程改革现状来看，实施项目课程和模块课程能够克服上述弊端，促进"1+X 证书制度"的发展和完善。

（1）积极实施项目课程

项目教学模式是在传统的以学科为中心的教学模式遇到困难时产生的。它克服了以学科为中心的弊端，注重典型项目或任务，促进学生专业能力的生成和发展，促进程序性知识和陈述性知识的习得，突出职业教育的专业特色。项目课程建设可以成为"1+X 证书制度"的课程建设模式之一，因为其设计理念、知识技能覆盖、教学实施、课程评估等方面符合职业教育和职业资格考试的要求。

项目课程的设计理念是"做中学"。传统的教学模式是让学生先积累知识，然后期望通过运用积累的知识形成能力；"做中学"就是在"做"的过程中使各种学习元素产生，"做"已经成为学习的一种手段，而不是学习的结果。"做中学"体现了以能力为基础的课程体系建设理念，可以扭转我国职业教育人才培养中"重学历、轻能力"的局面。然而，开发基于能力的项目课程不是为了提出基于能力的教学目标，而是为了制定一系列能力标准。根据能力标准清单进行项目设计，使学生在完成相应项目或任务的过程中获得相应的技能。

项目设计以项目为开放线，以知识为暗线，以能力为主线。项目设计应梳理实际工作场景中的具体任务和实际工作的能力要求，抽象出具体的知识和技能要求，结合教学要求和资格标准设计出一个相对完整的工作流程。在解构与整合的过程中，项目课程应该解决为什么、学什么、怎么学的问题，形成从岗位定位、任务分析到项目形成的设计路线。以电子技术专业为例，首先，要划分相应的工作领域，包括电子设备操作、电子产品设计、电子产品安装调试等十多个工作领域；其次，工作领域的任务应该具体分解，以"电子产品安装调试"为例，我们可以提取具体的工作任务，如原材料的分类和分配，根据工艺文件组装产品和调试；最后，根据实际工作任务和教学需要将其转化为工作任务或学习项目。

（2）推行模块课程体系

模块课程由单一的课程模块组成。每个模块都有自己独特的教学要求和评价标准，但同时，它与其他模块知识有着内在的、系统的联系，既独立又全面。每个模块不以学科为中心，不强调知识的系统性和完整性，而是注重技能或能力的培养，具有很强的针对性。

模块课程建设首先要以行业企业需要为基础进行充分的调查研究，考察工作岗位对行业知识技能的要求，并对岗位对从业者能力的要求做结构分析，确定不同岗位所需要的知识、能力和素质，为模块构建奠定基础；其次要根据模块课程的建设目标制定模块课程标准，特别是要融入国家资格标准，将职业教育考核与资格证书考核内容有机结合，建设"所学即所用"的课程模块。同时采用案例教学、讨论教学、情境教学等教学方式，充分调动学生学习的积极性与主动性。在模块课程设置上，不同的职业院校所进行的模块课程开发有不同的组合方式，概括讲应该包括职业素养模块、职业知识模块、职业技能模块，在此基础上又可以分为必修模块和选修模块或其他子模块。例如，某职业院校电子技术专业模块课程设置包括计算机基础、英语、高等数学、就业指导等基础素质模块；自动控制原理、电路分析基础、电工技术、电子线路 CAD 单片机原理及应用等专业课模块；同时还包括电路仿真、机械制图、可编程控制器等能力拓展模块，以及校内专业技能实习和顶岗实习模块等。而且，在实训模块开设计算机基础及考试和电子中级工考试实训子模块，学生在完成专业学习的同时可以参加全国计算机等级考试和电子中级工考证并获得证书，在完成学历教育的同时获得相应的职业资格证书，既避免了重复学习，也支撑了人才培养目标与规格的实现。

模块课程有助于职业教育和职业资格证书在内容上实现衔接。一是模块课程的知识和技能设置应与职业资格证书知识与技能含量相对应；二是模块课程所覆盖的知识点必须细化，避免不同层次的模块课程重复教育；三是课程体系构建要按照不同职业所需要的能力结构进行模块组合，获得学历证书的同时，要想获得对应等级的职业资格证书，必须完成若干必修和选修模块。模块课程与职业资格证书相结合的关键就在于不同的职业资格标准实质上反映了不同课程的要求，而不同课程的组合则反映了不同职业知识能力的要求。在内容衔接基础上，通过对模块赋分的方式，可以实现职业教育和职业资格证书在形式上的衔接。因此，模块课程设计是解决"1+X"沟通障碍的课程模式之一。

第六节　产学研协同发展模式

产学研协同是指为促进技术创新，产业、学校和科研机构有效组合产学研协同机制共同承担创新创造、科技研发和成果转化等活动，发挥各自优势，将研究、开发与转化融为一体，实现科研、教育和生产在功能与资源上的协同化与集成化。有一些职业院校已经通过开展产学研创、联动政校行企和开放办学等方式来创新人才培养模式，并取得显著成效。要鼓励职业院校同科研机构、企业开展深度合作，建立协同创新的战略联盟，促进资源共享，联合开展重大科研项目攻关，在关键领域取得实质性成果。随着全国职业教育大会的顺利召开，我国将产教融合、校企合作作为推动职业教育改革发展的着力点，系统深化职业教育人才培养模式和方式，推动职教与就业有效衔接。

实施岗课赛证融合的培养方式，是促进科技成果转化和产业结构优化升级，推动技术创新和提高企业竞争力的有效途径。新时期，国家为实现经济高质量发展和学生更高质量就业，创新产学研协同发展模式是实现产业转型升级、数字化发展和培养高技能人才的重要途径。

一、职业院校产学研协同发展存在的问题

（一）校企合作作用不显著

目前，校企合作中最普遍的现象是"校热企冷"，究其原因，主要是受共享意识、开放程度和资源价值等方面的影响。对一些企业而言，其重点往往是放在市场利润上，社会责任意识不足，不愿自觉为社会或者为其他竞争企业培养人才，人才培养的重视程度和投入力度不成比例，阻碍了校企合作工作的推进。对院校而言，进行产学研协同合作时，需共享与开发核心资源，会有一定的隐患，而且资源对外开放后如果价值和收获不对等，也会损伤院校的核心竞争力，进而影响职业院校的建设与发展。所以，职业院校与企业必须找到互惠共赢的合作点，建立利益平衡观，这是校企合作持续长效的基础。

（二）职业院校科研能力受限

职业院校的科技研发基础较为薄弱，与社会对职业院校的期待、职业院校自身的发展和职业教育的定位不匹配。究其主要原因：一是科研投入不足，职业院校目前普遍生师比较高，教师的教学任务繁重，科技研发投入的时间与精力很少，不能明确稳定的研发方向，对某一领域的研究不能长期保持，难以积累技术研发；二是实践经验较少，教师研发能力较弱，导致为行业和企业解决实际技术问题的能力较低；三是教师在行业和企业中的影响力较弱，职业院校很少有行业科技研发的领军人才，即使有具有研发能力的教师，也难以组建紧密型研发团队，导致进行技术攻关的能力不足，难以承接重大科技项目。所以，企业更倾向和具有科研能力的本科院校进行校企合作来完成重大课题的攻破。

（三）职业院校科技成果转化不足

虽然，国家和地方相继出台了产教融合的相关政策，但是由于很多院校的校企研发合作机制尚未建立，行业、企业的技术和工艺创新以及科技成果转化等方面有很多难点依旧需要面对，深度的科技合作并未引起学校的高度重视，在具体实施时困难重重。主要原因有以下两点。一是学校成果与企业需求无法对接。当今社会科学技术发展迅猛，企业迫切需求技术创新来更新迭代科技产

品、加快企业的升级改造，而职业院校教师对企业需求信息难以捕捉。同时，企业也不能及时获得学校教师已取得的科技成果信息。所以，学校技术供给与企业技术需求不能有效衔接。二是学校缺乏科技成果市场化的推广渠道。科技成果实现产业化和商业化需要整合技术、人才、资金与市场资源，通常应用科技成果转移转化中心等平台，职业院校教师不善于应用此类平台，而且即使有类似平台职业院校也缺少集懂技术和懂市场于一身的专业人才。

（四）职业院校学生科技成果转化难

职业院校学生大多科研意识不足，参与科研活动的兴趣不高，即使参加科技竞赛，很多学生也是为了获得像综合测评、奖学金和就业优先等方面的奖励。所以，完成的科技作品只是针对不同大赛的评分标准，对科技作品向实际产品的转化意识十分浅薄。其中，有一些科技成果根本就不适合走向市场；即使推向市场，成本也很高，推广难度大。优秀负责的指导教师、充足的研发经费和有利的实验室条件，是决定一个科研项目的成功的关键，但是很少有职业院校能完全保证满足这些条件。

二、深化岗课赛证融合，创新产学研协同发展模式

（一）通过"课赛"二元融通，促进研学一体化发展

为切实落实《国家职业教育改革实施方案》，培养更满足新时代社会经济发展需求的高端技术技能人才，促进区域经济的持续发展，全国各职业院校都陆续开展"三教"改革，为经济的发展提供强有力的技术支持，并为职业教育改革培养高端技术技能人才。职业院校人才培养方案是教学模式改革的前提，技能竞赛是职业教育教学改革的风向标，"课赛融合"教学模式是职业院校不断深化教育教学改革的重要途径，指引着职业教育教学的全面发展。

"课赛融合"教学模式改革的首要任务是完善专业人才培养方案，构建整套"课赛融合"专业课程体系。在制定专业人才培养方案时应统筹规划，将技能竞赛的内容、技能要求、实训实操和评价考核等内容融入专业课程体系，将课堂教育教学与技能大赛教育高度融合，探索一条"课赛融合"教学改革新模式，改革技术技能人才培养课程体系，实现"课赛融合"专业课程体系融入人才培养方案。职教改革背景下，"课赛融合"教学改革与"三教"改革相辅相成。具体实施过程中，教师应通过培训、研讨和挂职等方法不断加强学习，更新自己的教学理念，组建竞赛指导教师团队，以企业岗位和技能竞赛需求为导

向，不断学习新知识、掌握新技能，提升自身教学水平，逐渐培养学生技能和创新能力。

（二）通过"岗课证"三元融通，促进产学一体化发展

职业院校普遍注重为技术技能人才持续成长建立通道。对企业而言，在人才培养过程中积极有效地参与进来，与学院建立起融洽、平等和互利的合作关系，才能真正得到校企合作对企业自身发展的益处；对职业院校而言，构建教学模式时，指派校内专业带头人或专业骨干教师深入生产一线，充分调研人才需求和企业专业岗位技术技能需求，充分听取企业一线专业意见，能与企业专家合作指定教学要求，开发对应的教学项目。

（三）基于"岗课赛"融通，深化产学研协同育人

引导学生定好方向开展以问题为导向的项目学习，以项目为载体深入进行有关学术方面的研究和对应课题的专研，在备赛过程中，整合专业课程内容，对涉及内容深入学习，并运用到比赛中，培养学生团队意识，并按照"引领人才培养，服务产业发展"理念，培养德技并修、手脑并用的技术技能人才；充分发挥竞赛的检验、展示、选拔、激励和示范等作用，将专业学习和产业研发有效结合起来，进而提升学习效果，真正实现学以致用。

（四）通过"岗课赛证"四元融通，促进产学研一体化发展

职业院校科技研发的主要任务是服务地方经济建设，为企业解决新技术应用最后一公里的问题。首先，根据企业需求，确定技术研发方向，建立协同创新团队，与企业共同打造技术研发与服务相融合的技术应用中心。其次，依托职业院校现有专业及其研发力量尽力承担企业的新产品开发、新技术应用等工作，并承担一定的技术服务、技术咨询和成果推广等工作。

第一，基于岗课赛证融合，深化教学改革。在具体教学过程中，专业核心课程教学的整体设计要考虑与岗位标准一致，并且按照行业发展的新知识、新技术、新工艺和新方法，通过校企合作，开发适合职业院校学生的实际生产项目，采取任务驱动的团队协作模块化方式组织教学。课程实训环节要紧扣岗位技能标准，按照岗位技能要求，逐步实现从基本技能掌握到核心技能培养到综合技能的养成的教学目标。

技能大赛赛项设置反映了社会产业发展和职业要求，具有一定的引领性和前瞻性。课程内容教学应结合世赛、国赛或省赛的比赛内容，将技能大赛的评

分要点渗透到课程教学环节中，在日常教学中进行技能大赛知识点的学习，在技能大赛的备赛培训中巩固课程知识点，充分实现以赛促教、以赛促学、以赛促改、以赛促训和赛教结合。针对生源的多样化，职业院校应该设计多层次的以学生为中心的教学，并建立全面、立体的教学评价体系。

第二，基于岗课赛证融合，深化教学评价改革。课程考核应参考技能大赛考评要求和职业资格标准，在教学过程中，逐步开展对应岗位能力和技能目标的过程考核，让学生通过课程考核认识岗位要求，通过课程考核达到岗位标准。同时，应开通评价转换通道，对于获取职业资格证书和技能大赛奖项的同学，实现和对应课程目标达成的考核进行互换，开展针对能力目标和素养目标的综合评价认定，完善现有评价体系。

为进一步提高人才培养的针对性和适应性，应坚持校企双主体育人，采用企业的典型案例进行案例教学，强化工学结合、理实一体教学方法改革；将新技术、新工艺、新规范、职业资格证书以及职业技能等级证书的内容及时纳入教学中，提升对应专业课程的技术含量，大力推进教学内容、方式改革，不断探索岗课赛证融合模式，形成灵活多样的育人模式。

第六章　岗课赛证融合下的"双创"课程体系与岗位能力

从产业发展角度来说，创新创业教育能够使产业结构不断优化，促进新行业、新岗位的形成，以创业带动就业，为毕业生提供更多的就业机会。

第一节　以就业能力为导向的职业院校课程开发理论基础

一、职业环境的变化对职业院校课程改革提出新的要求

(一) 职业环境变化的表现

当前的职业环境，正在以前所未有的速度发生变化。在这种环境下，以带薪工作为谋生手段的劳动者的职业能力也发生了一系列变化。经济发展的高附加值必然导致劳动者职业能力的高科技化，智能工作正在逐渐取代手工和机械工作。这种趋势不仅发生在美国、欧洲和日本等发达国家，在世界经济快速发展的今天，世界各国的经济发展都面临着同样的发展趋势。

(二) 职业环境变化对职业院校课程改革的要求

我国目前职业教育规模实现了跨越性发展，职业院校和职业教育的改革也正在努力渗透到课程改革的核心领域，以能力本位的课程模式正在成为课程开发和设计的共识。我国也引进了各国的先进经验，但是由于各国背景和发展的不同，这些模式也只限于借鉴的层次，我国职业院校课程还是受到学科导向"三段式"课程的限制，社会经济的发展和职业环境的变化给职业院校传统的课程观、课程理念及培养目标带来了巨大冲击的同时，也对职业院校课程改革

提出了新的要求。因此，职业教育的发展必须结合本国经济发展制定出适合我们国家职业教育未来发展的课程体系。

二、以就业能力为导向的职业院校课程开发的内涵及价值

职业院校课程开发是根据社会发展和社会分工以及学校自身学科建设而进行的，包括对现有课程的改革、更新，使得专业设置具有开放性、现代性的特征。社会在发展，技术在进步，因此需要进行课程改革，开发新的课程模式。

三、以就业能力为导向的职业院校课程开发的依据和指导思想

职业院校所设置的专业是从学科孕育孵化出来的，并且是按照社会发展需要而形成的。理论技术并不排斥经验因素，这两者是互相依赖，相辅相成的。因为，理论技术需要不断试验，在失败中接受教训，成功中吸取经验，所以理论技术发展的重要技术就是实践。例如，机械手、机器人的动作主要是模拟人的现场操作，它们的各种传感器又都是模拟人在操作过程中应用的感受等。只有学习足够的理论知识才能动手实践，理论是实践的前提。产学研结合是以就业能力为导向的职业院校课程开发的主要指导思想。

产学研结合的基础是产学合作。产学研结合指学校利用企业和科研单位充足的资源，努力打造一个合作的平台，共同研发，共同培育，这才是职业院校教育培养人才的重要模式。产学合作的课程开发，涉及社会对每个专业人才的需求量，还有教师队伍的师资力量、教学课程应该如何设置、教材应该怎样编写、设备和实习场所条件是否充足，以及专业评价标准的确定等很多方面。确定了社会对专业人才的需求量之后，学校可以主动深入企业实地去了解，也可以通过政府等有关部门侧面了解；企业也要主动找学校并提供出需要什么样的人才，也就是所谓的"人才订单"。

通过对这个专业人才的需求量和以往毕业生的去向来分析如何更好地开展接下来的教育，侧重哪些方面，能够使新的毕业生在新社会领域有自己的立足之地，也只有这样职业院校才能连续地创办下去，才能不被社会淘汰，才能服务于社会，也给学生们带来就业机会。与此同时，课程又要与一定的学科基础相对应，这就需要校内教师和校外的实践基地双方面配合工作。同时，每一门课程既要面向未来的社会发展，以及学生进入社会后的不同分工，又要和学校内所相对应的学科更好地连接。总之，企业和社会的需求是教学目标确定以及课程开发的基本依据。

四、以就业能力为导向的职业院校课程开发的要求

第一，课程的开发要注意内容的针对性和社会需求性的统一。在当今社会，经济和科技的飞速发展带来职业岗位和技术知识的变化，职业岗位的变迁和工作的转换已经成为一种趋势，课程设置要充分考虑到职业院校学生毕业之后的适应性，进行灵活的调节。因此，职业院校课程的设置需要兼顾毕业生的适应性和针对性，以及社会需求性。

第二，在社会调查的基础上进行新课程的增加和旧课程的调整。在国家政策和社会经济发展的总体趋势下，详细了解地方经济发展所需要的人才，对社会进行调研并对经济进行中长期的预测，结合目前的需求，合理开发新的课程并对之前的课程进行调整。

第三，形成具有学校特色的精品课程。每所职业院校都应当有特定的企业群、稳定的师资力量和训练基地，以及先进的设备、实验条件，结合自身的优点开发具有院校特色的精品课程，才有利于各职业院校的健康有利发展。

五、以就业能力为导向的职业院校课程开发的原则

（一）以人为本原则

在知识经济、信息时代、学习型社会的背景下，职业院校课程体系的建构要以人为本，将知识、技能、态度和价值等各个要素综合，培养学生的职业技能、人际交往技能和生活技能等，突出学生自主学习，注重理论与实际相结合，让学生通过亲身体验来进行探索和研究。这样不仅能提高学生解决问题的能力，更能通过亲自体验来发掘学生的创新思维和创新能力，从而培养其终身学习的观念。在培养学生硬技能的同时，更应该培养其人文精神和科学素养等软技能。这样才能让学生拥有健康的职业人格、群体意识、社会责任心、自主创业意识和终身发展能力。课程的改革要以人的全面发展为宗旨，以提高学生的就业能力为核心。新世纪职业院校毕业生要适应社会的发展应当具有一定的综合素质，并能将理论知识和技术结合进行创造性的实际工作。因此，职业院校课程的改革必须指向人的发展，以素质教育为先，培养健全的人格，培养有德之才、身心健康之才、创新之才。

（二）实用够用原则

职业院校课程改革必须遵循实用够用原则。大多数职业院校的学制为三

年，质量要求不容忽视，应用技能必须加强，许多要求限制了专业理论的学习时间。如果学生想在有限的时间内获得先进的、系统的知识，就无法达到预期的效果。课程改革应使学生在有限的时间内学习到最实用、最有效的知识，从而优化学习效果。这就要求在课程改革过程中，要明确选择理论的依据，把握理论的"度"和"量"，根据职业要求确定各专业的课程内容，这不仅可以保证学生拥有与未来工作密切相关的专业理论基础，还可以保证学生有时间和精力提高自身素质，加强技能训练。

（三）整体优化原则

整体优化原则是指综合考虑社会对人才的知识、能力和素质的基本要求，从而确定课程的数量、内容，课程之间的关系以及要传授哪些知识、传授多少、如何传授等。整体优化要使得课程体系形成一个相互联系、融合的合理结构，既要注重课程整体中各个部分是什么，也要注重每个部分在整体中占的比例以及通过什么方式实现，最终达到课程整体结构的最优化。社会对人才的需求体现一种综合化的趋势，经济的全球化所需要的不只是专业知识丰富的人才，还要求人才具有一定的人文与社会知识、沟通和交往技能、心理知识、价值关怀等，这些都属于就业能力的范围。因此，在这种情况下课程的改革就应当从整体上对这些问题进行关注和回应，培养出高素质的适应经济全球化市场要求的人才。

六、以就业能力为导向的职业院校课程开发的策略

职业院校课程改革的基础和出发点是适应国际一体化、市场经济和劳动力市场的需要。这就要求职业院校从课程内容、教学内容、教学要求、教学方法等方面，开设教学目标，从课时分配等各个方面实施职业院校的课程改革。

（一）宏观策略

国外职业院校课程的改革始于 20 世纪 60 年代，而且与社会的发展有着密切的联系，直到现在仍然在不断地改进和发展之中。我国的职业院校课程改革比发达国家滞后了几十年，因此我国教育界存在这样一种观点：将国外的课程模式和教材引进我国职业教育界。但是，通过对这些模式的移植发现，由于发达国家在教育文化传统和社会价值等方面与我国存在着巨大的差异，它们的职业院校课程内容和结构并不适合中国职业教育的发展。在课程改革中借鉴发达国家在职业院校课程改革中关于改革本身的成功做法，以及借鉴发达国家现行

的职业院校课程模式和研究开发模式中的合理成分，可以使我们少走弯路并且优化我们的改革方案。

（二）微观策略

1. 理论课程和实践课程的整合，文化课程与职业课程的融合

理论与实践相结合一直是我国各类教育所提倡的目标，但是在实施中困难较大，在职业教育中尤为明显。职业技能的获得可以通过理论知识的学习来了解，但是真正的技能形成需要经过反复的实际训练，通过真正的职业活动才能获得。理论课程与实践课程结合，应当把学生的专业学习划分成相应的实践学习阶段，设置每个阶段的培养计划、目标和要获得的知识与技能；要有真实的生产场景、经验丰富的教师，在实际的学习氛围中让学生了解实际工作的各个环节，达到知识与技能的互相结合。职业院校学生在文化课方面较弱是显而易见的，在职业教育中如果继续着重对学生进行文化课的教育会造成与就业为导向的培养目标越来越远。以职业课程改造文化课程能够做到因材施教，两者的紧密结合能够让学生在工作环境和实践场所学以致用，从而感觉到文化课的重要性。学校可以根据不同的专业设置不同的文化课，将一些文化课结合到专业课中进行讲授，不专门开设某一文化课；根据学生能力的高低实施分层教学，对学有余力的同学拓展文化课和专业课的难度，使学生具有可持续学习和自我发展的能力。

2. 课程开发以就业能力导向为起点，以能力本位为内容，以人格发展为目标

职业院校毕业生是直接面向市场的，因此课程的最终导向是以市场为标准的就业能力导向，通过课程的开展要努力培养与开发学生的就业能力和终身学习能力，学生获得的是能够在社会上持续就业的能力。

课程改革要求职业教育工作者注重课程内容的更新，启动社会调查和研究，使课程的内容能够跟上甚至超前于社会发展，保证课程内容的时代前沿性，让学生了解并体会到始终处于最前沿的知识，使课程内容符合新的职业要求。此外，应当注重课程的综合性，要有较强的针对性，根据岗位的要求，跨学科地对课程内容进行剪辑和重组，将知识与技能结合。职业教育也要遵循教育学规律和学生身心发展的要求，结合专业教师和用人单位的意见，经常性地对社会新的职业岗位和知识结构进行调查研究，形成一门或者几门能够反映专业特质并符合社会要求的精良课程。新的时代对职业教育的要求是职业教育要贯穿于人的一生，是一种全程的教育，与此同时也承担着学生人格发展的使

命。人的全面发展和终身发展是职业教育课程重点着眼关注的，也包括综合职业能力的培养，使学生在提升职业素养的同时能够对自己的职业生涯进行设计与规划。职业教育的培养方向是具有系统职业能力和职业特长的、全面发展的劳动者和具有高素质、创新精神和创新能力的社会公民，学生的就业能力将包含这些内容。

七、以就业能力为导向的职业院校课程开发的方法

以就业能力为导向的课程开发是需要职业院校、行业或地区企业和政府、社会共同承担的，课程开发不只是针对某一所职业院校，而是针对职业领域或者职业群、岗位群。因此课程开发的宏观决策作用主要取决于课程开发的科学性、规范性和可操作性。课程设置上也必须结合区域经济的发展规划、劳动力市场的预测和学校本身的特点进行开发，使得课程的开发更具有灵活性，能够快速地适应劳动力市场的变化。

（一）社会需求分析

概括来说，社会需求分析包括劳动力市场分析和其他社会因素分析。

1. 劳动力市场分析

教学目标的确定以及课程开发的依据都是社会的需求。在市场经济条件下，职业院校教育的方向是培养学生的就业能力，必须对劳动力市场的供需状况和趋向有充分的了解，以及对其做进一步的调查和分析才能为课程的设置提供可靠的依据。劳动力市场的调查可以提供充分的职业需求资料，主要包括以下内容。

①人口状况。

②当前劳动力市场的市场供需资料，包括职业工种的供求差、实际胜任者的数量、即将毕业的学生与市场需求量的差距等。

③正在形成的新的职业与工作机会的资料，估测未来几年（3~5 年）之内的劳动力市场供需趋向。

④各行业的职责，工种的性质、内涵、条件、环境、待遇等资料。

⑤目前专业设置及课程内涵和市场需求的情形。

⑥规划新专业的相关制度、教师、设备、课程设计的各项数据。

调查过程中应注意：调查的主要对象是企业和相应行业的所属单位；调查对象的取样要具有代表性，应尽量覆盖所有行业。

2. 其他社会因素分析

（1）国家政策

对教育有着直接或者间接的、现实和潜在的、长期并稳定影响的，是国家的政治、经济、文化政策，也影响着职业院校毕业生的供需状况，决定着职业教育发展的大方向。

（2）科技发展

世界科学技术的发展导致了职业结构和劳动技术的变化，对职业技术的专业设置、课程内容和课程开发模式提出了新的要求。我国职业流动和职业变革的新趋势对职业教育提出了培养复合型人才的要求。

（3）社会文化

半个多世纪以来，已经有许多国家根据其国情提出了适合本国职业教育发展的课程开发模式。社会文化不仅为职业教育课程提供丰富的来源，为课程内容的界定、选择提供价值标准，作为其核心的社会价值观念还对课程的设计、编制、实施发挥全面的导向作用。例如，我国景德镇的陶瓷艺术有着悠久的历史，江西景德镇陶瓷学院就承载了一定的社会文化。

（4）学生本人

学生的心理和生理逐渐成熟，他们已经开始关心自己未来步入社会对职业的选择和就业的发展方向。所以在设置专业课程时，我们更应该考虑学生的兴趣爱好和特点，根据他们的想法和需求，来更好地创办教学内容，就能做到以人为本，以科学的社会发展观为基础，也要尊重学生的身心发展规律和水平。

（二）行业分析

所谓行业分析，是指对国民经济宏观环境、行业内部微观环境和用户进行全面调查和分析。行业分析是劳动力市场分析的自然延伸，为制定教育目标和编写教材提供了依据。

1. 职业分析

将劳动力市场调查的资料按照一国或地区规范的或约定俗成的职业分类系统，划分职业范围或工作领域，并说明构成一门职业的各种工作岗位及其内在的相关性。

2. 工作任务分析

确定职业范围和工作岗位后，根据岗位确定职责，将职责划分为具体任务，然后分析确定与履行职责相对应的综合能力要求和与完成任务相对应的特殊能力要求。

（三）教学分析

教学分析指的是在行业分析提供的职业需求基础上，将课程和教学挂钩，将职业需求转化为课程内容和教学条件。主要包括以下两个方面。

1. 课程内容分析

课程内容分析即将行业分析提供的职业需求材料转化为课程大纲，包含以下五步。

①将行业分析得出的就业能力所包含的各项能力，如专项能力、综合能力和核心能力等归类，并按照课程构造原理划分为教学单元或学习包。

②确定每个学生的水平和最近发展区。

③将单元或者学习包的内容转化为文化课、基础课、专业课。

④指明这个体系中的精品课程。

⑤组织专家进行评价，审议课程的整体架构。

2. 教学条件分析

教学条件分析即对课程设置的可行性审议，为课程实施提供现实的策略手段，包含以下三个方面。

①教学计划、设计、实施的人员。培训教学计划人员是教学计划开发的基础，人员分析为培训提供依据。具体的分析内容包括：课程人员的个人经历、思想、行为以及优缺点；课程人员总体结构；群体的行为方式和观念。

②学习水平。学生入学时的水平和他们能够达到的最近发展区是确定专业学制和课程设计的基础，通过审阅学生资料、入学水平考试和现场操作表演来进行。

③教学条件。实验所需要的实习场所以及教学必备的工具设备等教学硬件、多媒体教学软件是每所职业院校必需的，尽管设备所需的资金高昂，但是这些条件是衡量一所学校现代化程度的重要标志。

（四）课程门类的确定

首先，综合教育模块，形成各种教育学科和教育活动（课程）。其次，整理合并后的教学内容。再次，在分类时，注意课程内部逻辑和学生学习心理的最佳结合，从浅到深，从简单到困难，循序渐进。最后，在此基础上选择课程类型。

（五）课程标准的编写

课程标准就是教学大纲。教学大纲应列出课时的细节和内容，明确学习的深度和广度，进一步分解学习目标，并配合适当的学习和培训时间。此外，我们还应列出配套的教学仪器、设备和媒体，以及考试的标准和方法。

（六）课程方案的制订

第一，要确定课程的整体结构，按照职业教育的总体年限进行计划安排，比如阶梯渐进结构、三段式或者两段式结构。

第二，对课程进行综合平衡，即对各门教学活动之间的层次关系、顺序关系和课时比例关系进行调整；对目标、内容、方法和条件进行落实。

第三，课程方案和课程标准等要经过权威专家会议审议，经过修改后由教育部门批准即可实施。教学大纲在实践中还要不断地检验与完善，教学计划要定期修改，及时补充完善教学大纲，以便使课程适应社会的发展。课程门类的确定、标准的编写、方案的制订主要由职业教育主管机构组织职业教育实施机构的教师、职业教育专家及企业界、经济界与职业教育和培训专家参加。

第二节　职业院校"双创"教育概述

一、职业院校"双创"教育的必要性和可行性

（一）职业院校"双创"教育的必要性

1.缓解职业院校毕业生就业压力的需要

近年来我国经济迅速发展，国内高等教育也逐渐向着大众化、平民化方向发展，大学生毕业人数逐年递增。贯彻和落实创新创业教育工作，将其运用于职业院校教育和管理中来，可以使职业院校学生增强实践能力以及综合能力，从而更加满足企业对人才的需求，真正发挥职业院校推动地方经济发展的作用。从产业发展角度来说，创新创业教育能够使产业结构不断优化，促进新行业、新岗位的形成，以创业带动就业，为毕业生提供更多的就业机会。

2.满足提高学生综合素质的需要

与传统教育方法不同，创新创业教育在教学过程中更注重培养学生的创新

思维、创业精神、实践能力和综合能力。第一，学生可以通过创新创业教育，获得更多与理论知识不同的实践教育。这样能够让学生加深对理论知识的认知和理解，增强对专业学习的积极性和对未来职业的认同感。第二，创新创业教育可以使学生的创新精神和职业素养得到不断提升，同时对学生专业素养、专业技能的提升也有促进作用。在 21 世纪，人才成为最主要的生产力。对于人才而言，创新精神和综合能力缺一不可，这样才能适应社会发展的需求并做到个人的可持续发展。

（二）职业院校"双创"教育的可行性

1. 职业院校的特点符合"双创"教育理念

在学生培养方面，职业教育始终注重培养更适合企业发展需要的一线专业技能型人才。与其他高校相比，职业院校在教学过程中更注重培养学生的专业实践性和可操作性，也更注重培养学生的专业素质。这些教育理念与创新创业教育理念中的创业精神基本一致。从教师需求的角度来看，职业院校的专业教师主要实行理论教学与实践教学相结合的教育模式。大多数教师不仅有扎实的理论基础，而且有丰富的工作实践。他们在各个专业都有较强的理论和实践能力。开展创新创业教育，可以为学生提供更丰富的思路和方法。

2. 职业院校"双创"教育已具备政策和实践基础

为了更好地贯彻落实《国务院关于大力推进大众创业万众创新若干政策措施的意见》《国家中长期教育改革和发展规划纲要（2010—2020 年）》等文件要求，各大职业院校在未来开展的教学工作中都需要不断提升自身教学质量，并且将创新创业教育工作纳入重点工作中来，实际利用创新创业教育改革为学生创造更好的、能够适应未来社会角色转变的教育环境。除此以外，部分职业院校将创新创业课程体系作为核心课程体系并逐步提升为学生必修课程之一；对于相对基础的创新创业课程采取了线上自主学习和线下辅助学习相结合的方式。这样做可以节约学校的教学资源，也锻炼了学生自主学习的能力。

二、职业院校"双创"教育的内容和特点

（一）职业院校"双创"教育的内容

创新创业教育从表面意义看是指创新教育和创业教育，从本质上讲它还应该包含着素质教育以及职业教育等多种教育理念。创新创业教育也可以看作以创新精神为主的结合社会生产工作实践的终身教育。职业院校开展的创新创业

教育内容主要包括以下三个方面。

1. 创新创业意识的培养

人们在实际生产生活中结合已有理念而创造形成的新的想法被称之为创新意识。在创新意识的带动下，新的创业形式或创业方法才会产生。创新创业意识按照思维方式的不同，分为兴趣、动机、意志力以及情感四个部分。兴趣是创新创业工作的源泉，动机是创新创业工作的动力，意志力是实施创新创业工作的保障，而情感则是开展创新创业工作过程中的精神依托。创新创业工作需要有良好的创新创业意识作为基础。换而言之，如果没有创新创业意识，则很难完成创新创业工作。

2. 创新创业精神的培养

创新创业精神可以看作整个创新创业教育的核心部分。它不仅包含创业过程中所需要的坚定、隐忍、执着、勇敢等各种品质，同时也包含产品创新、管理流程创新、市场需求创新、服务创新等多种创新理念。其中，创业精神是创业得以成功的主要影响因素，甚至是诸多创业成功者的精神支撑以及创业原动力。

3. 创新创业能力的锻炼

创新工作一方面可以是完成从零到一的创造性工作，另一方面也可以是在现有产品或方法之上的开辟和创新。创业者的创业道路不会是一帆风顺的，其间会遇到很多不可控因素。例如，在创业初期使用的生产技术、运营方式和管理办法可能会随着企业的发展或时代的变化出现不适应的情况。创业者需要不断反思，不断改进，不断创新，才能有效解决面临的各种问题，使企业得到长久发展。所以说，创业工作本身也是一种创新的过程。因此，创新创业能力的锻炼在创新创业教育中占有重要的地位。

（二）职业院校"双创"教育的特点

科技的不断进步以及生产力的快速发展，使得教育水平和国民经济发展之间的关联日渐增多。对于职业教育体系来说，地区经济发展程度、国民生产总值和该地区职业教育学生人数密切相关。所以，在推广创新创业教育过程中，各个职业院校应当积极利用自身优势，将创新创业教育和学校自身发展相结合，充分发挥校企合作作用。一方面提升当地经济发展速度，另一方面也为学校的创新创业教育工作提供更多的实践机会。因此，职业院校的创新创业教育有着下列特点。

1. 实践性

职业院校学生的文化基础相对较差，所以，职业院校的教育方向是让学生获得某种职业或职业群体所需的实际能力（包括技能和知识等），为学生提供通向某种职业的道路。本着这个原则，职业院校的创新创业教育不仅让学生学习到了创新创业相关理论知识，同时还培养了学生的实践能力、创新精神以及创业能力。职业院校的创新创业教育还注重与企业开展合作，所有的实践教学都要以企业生产和发展需求为地基。要想及时找出教育工作中存在的不足之处，只有通过不断地进行企业实践和社会实践，才能让学生的创新能力以及创业能力真正得以提升，将各种创新观念能够更好地运用于实践之中。

2. 全程性

创新创业教育不仅注重对学生的专业技能培养，同时更加注重对学生思维的创新以及专业素养的培养，这需要一个长期不间断的教育过程来完成。职业院校的创新创业教育应当"以人为本"，按照学生成长阶段，将不同的教育理念科学地划分到各阶段的学习过程中。例如，对于新生，要在学习掌握一定的专业知识以后加入基础的创新创业理论学习，通过学习成功的创业案例激发学生的创业精神；对高一个年级的学生，随着学习能力的逐渐提升和专业知识的更加稳固，创新创业教育的实践教学可由此开启，培养学生更为多元化的创新思维和创新能力；对毕业生，最好的实践学习，就是企业的顶岗实习或是自主创业等机会，学生在实践工作中能够将自己的创新思维与社会需求紧密结合，从而更好地提升其创新能力。因此，创新创业教育需要贯穿于学校教育的全部过程。

3. 融合性

职业教育是运用专业教育形式进行人才培养。这种教育形式需要根据不同的工作岗位划分不同的专业，开设不同的课程，以达到工作岗位需求的教育目标。然而，当前我国一些职业院校还是按照传统的教育模式进行人才培养，存在重理论、轻实践的问题，导致培养的毕业生在专业对口的工作岗位专业能力较弱。职业院校应该通过开设与专业教育相融合的创新创业教育课程来弥补这一点。一方面，创新创业教育所看重的实践能力和创新精神的培养，能够提升学生对专业知识和专业技能学习的实践性，强化对专业的认同感，提高专业实践能力。另一方面，专业能力的提升可以促进学生的专业创新思维，从而塑造更为多元化的综合性人才。

第三节 促进职业院校"双创"教育开展的措施

一、树立正确的"双创"教育理念

教育实践过程中形成的教育理念不仅是对教育工作的某种认知，也是价值观念的一种体现，通常教育理念具备指向性、稳定性、传承性这几个特征。根据以往实践经验，教育理念的创新是教育改革以及教育水平提升过程中的重要环节。良好的教育理念不仅要符合时代发展需求，同时要和文化发展需求相一致。为了更好地顺应当前我国社会、政治、经济、文化等各个方面发展现状以及发展特征，职业院校在开展创新创业教育工作时，必须转变传统教育理念，不断更新教育思想，使教育工作和社会经济发展相一致。

（一）转变教育理念

追溯我国职业院校的历史，可以发现很多职业院校的前身都有中等专科学校的身份。由于长期形成的办学理念和市场经济下的激烈竞争，职业院校更注重的是能够快速培养适合企业基层一线工作的技能型人才。然而，近年来社会经济的不断发展给人才培养提出了更高的要求。现在所谓的人才不仅要具有扎实的专业能力和专业素养，同时要具备一定的跨专业技能、职业素养和自主创新能力等综合技能。因此，传统教育理念很难再适应当前国内对职业教育的要求。所以，职业院校要转变传统教育理念，加强内涵建设，提升教育教学质量，不断优化创新创业教育理念，改革人才培养模式，努力为新时代中国特色社会主义事业培养更多更优秀的建设者和接班人。

（二）转变就业观念

很多职业院校为了实现教学和人才培养体系与就业工作岗位的无缝连接，纷纷开展"以就业为导向"的教学改革和专业调整。因此，职业学院应当转变给学生一个"铁饭碗"的就业目标，在人才培养过程中，不仅要进行专业技能和职业素养的培养，还应该提供创新创业教育，让学生获得更多的创新创业思维以及创业实践能力，培养学生自主创业的信心，为以后的自主创业或岗位创新奠定良好的基础。

二、构建完善的"双创"教育体系

课程体系建设是教学工作的基础，因为课程不仅涉及学生的学习，同时也是教师和学生之间的纽带与桥梁。在推广创新创业教育过程中，应当注重课程的设置。在课程设置过程中需要注意以下几点。

(一) 完善"双创"教育课程体系

一是从共性目标和个性目标两个方面来制定课程体系目标。共性目标是以不断提升学生综合素质为基础，通过对创新创业知识结构进行优化，结合创新创业精神和意识等培养，使大多数学生拥有更高的创新创业能力以及专业素养。在培养共性目标时要注意，学校应当将所有学生作为创业者进行思想教育和理论教育。在教学工作中应当注重教学工作的与时俱进，使学生所学知识真正符合社会经济发展需求。个性目标是在培养学生创新创业能力过程中，注重学生实践能力的锻炼，并根据不同学生的个性特点、专业水平制定不同实践教育培养目标。不能给所有学生制定统一目标，这样更容易提升学生的学习积极性和主观能动性。

二是需要以学校当前发展特征以及创新创业教育规划为基础，结合学生实际需求，制定出更适合学生创新创业能力提升的课程体系。在课程体系中应着重注意以下三点。

首先，不同阶段的学生，心理需求和能力需求会不同，教育的侧重点也要随之变化。对大一新生的教育应当以培养创新创业意识为主，对大二学生以及大三学生更要注重实践能力的提升。其次，在课程设计中需要设计多项实践环节，通过多种实践项目让学生能够真正参与到实践课程中来。最后，还应当给予学生一定的创业扶持，保障学生创新创业实践工作顺利实施。

(二) 促进"双创"教育与专业教育的融合

一是强化职业教师对创新创业教育与专业教育的融合意识。任课教师不能将创新创业教育与专业教育完全分开，或者认为专业教育是教学中不可或缺的主要内容，而创新创业教育是意义不大的辅助内容，应当意识到这两种教育都是职业教育的重要组成部分，专业教育本身就包含着创新创业教育的要求。

(三) 深化"双创"教育教学模式的改革

由于创新创业课程大多是实践性较强且具有较强创新性的课程，因此在教学过程中，需要摒弃传统填鸭式教学方式，利用多种教学方法以及教学模式，为学生提供更为多元化的学习模式；要把传统的讲授方式转化为活泼的互动场景，面向实践，强调参与；在课程考核上要从重知识转化为重能力，考核的方式可能是长期持续的，并非短暂的一场测试。除此以外，还应当增强慕课建设，使教育形式更加多样化。慕课也被称为微课程，在创新创业教育工作中有着以下优势。

第一，慕课时间通常为十分钟，相对较短，更容易吸引学生的注意力，符合职业院校学生学习特点。

第二，慕课教学方式既是学生获得知识的平台和方法，也可以成为师生之间沟通的桥梁，使师生之间的关系更为融洽，合作更为密切。

在慕课建设过程中需要注意三点：首先，根据自身教学需求选择慕课课程，并且将慕课课程和自身教学相结合，达到慕课使用效率最大化；其次，在有效运用慕课的同时还应当开设相应的线下课程，使学生对慕课有更为深入的理解；最后，制定有效的线上课程学习机制以及学分积累机制，使慕课体系更符合学生学习需求。

三、优化"双创"教育环境

近年来，我国社会、经济、政治等各个方面都在经历着飞速的发展。国内职业院校在人才培养过程中，也应当意识到社会经济发展对人才要求的变更。在开展"双创"教育过程中，不仅要提升人才的专业能力，同时更应当提升人才对社会的适应能力。创新创业教育体系的完善不仅符合当前我国经济社会发展需求，还能够为学生创造良好的创新创业文化氛围，最终形成创新创业思维方式和理念，使职业院校学生能够在社会发展浪潮中立于不败之地。

（一）形成全员参与的创新创业教育氛围

第一，学院在顶层设计中要突出创新创业教育的地位，在学院的中长期发展规划和五年事业发展规划中均把创新创业教育作为人才培养和校园文化建设的重要抓手，成立以院长为组长的创新创业教育工作领导小组，设立分别以科技处、就业指导中心牵头的创新、创业教育教研室，组建教师团队，制定实施方案，每年划拨专项资金资助创新创业项目开展。

第二，营造环境支撑创新创业教育。例如，在项目化教室和实训室走廊布置科技创新案例宣传板，陈列历届学生自制的创新科技作品，激发学生创新灵感；依托专业教学资源库、在线开放课程进行创新创业在线教育；利用学校官微、QQ 群、微信群等平台进行在线交流，构建创新创业线上教育网络等。

（二）营造浓厚的创新创业校园文化氛围

在营造创新创业校园文化氛围的过程中，学校首先要加强宣传。通过问卷调查可以看出，在各职业院校的工作过程中，创新创业相关政策的宣传力度对学生的创新创业学习和实践影响很大。同时，大多数学生对创新创业活动有浓厚的兴趣，这需要学校的宣传、普及和积极引导，为学生提供更好的创新创业环境和理论支持。在每一所职业院校，我们都应该选择创新创业方面的典型成功人士作为榜样，让学生通过榜样了解更多创新创业的成功形象，不断提高学生的自信心和学习能力，真正融入创新创业的学习实践。此外，在开展创新创业教学过程中，学校可以举办各种创新创业竞赛等活动，不仅可以提高学生的专业技能和实践能力，还可以扩大创新创业教育的宣传和指导范围。

（三）创建和谐的创新创业社会舆论氛围

不仅学校需要承担创新创业宣传工作，社会和媒体舆论等也应当积极参与到创新创业宣传工作中来。例如，开设专业的创新创业教育节目，使大学生对于创新创业教育工作有更深入的了解和研究。成功创业人士还可以通过微信、微博等形式给大学生提供更多的创业指导。政府以及社会也应当对创业成功人士加大宣传力度，主要表现成功人士的勇敢、坚持、刻苦等创业精神。政府部门还应当和学校以及其他媒体联合，及时向大学生宣讲各种创业优惠政策。

第四节　职业院校课程体系与岗位能力匹配分析路径

通过探究职业院校课程体系与岗位能力内在关系，职业院校课程体系建设应当围绕工作过程与内容，以能力教育为导向，将理论学习与实践教学相结合，形成具有职业特色的以岗位能力培养为核心的课程体系。"匹配"一词的英文为"match"，可作名词与动词使用，具有"良好对接（combinewell）"之意。由此可以将课程体系与岗位能力之间的匹配界定为职业院校课程体系要素能够支撑满足企业需求的学生岗位能力的培养，两者之间具有统一性。

一、能力本位教育视角下职业院校课程体系建设理念

能力本位教育（Competency-Based Education，CBE）课程体系是围绕市

场人才需求培养个体的实践能力和提高综合素质的课程体系。能力本位教育强调能力的获得，尤其是岗位操作能力，通过探究分析职业岗位的角色定位和技能需求，根据职业岗位需求的分析结果制订能力分析表，涵盖个体的专项能力和综合能力等，并最终形成能力分析表。通常每个岗位涵盖 8~12 项综合能力，不同的综合能力又会被细化成不同的专项技能，一项综合能力包含约 6~30 项专项技能。依据能力分析结果，根据类似的能力项归纳总结相同的教学点与知识点，并在此基础上构建课程模块，不同课程模块可进行灵活组合与搭配，也可以进行适当删减和调整，以进行课程结构重心和专业发展方向的调整，来适应不同岗位需求的变化。CBE 模式的重点是培养胜任岗位所要具备的能力，它是应用型人才的重要培养路径，因此可以实现课程和工作需求的有机结合和高度匹配。

（一）能力本位教育课程观

CBE 作为一种现代职业教育模式，其课程理论在课程目标、课程内容、课程组织等方面都有自己的要求与特点。与传统职业教育课程存在以下区别。

表 6-1　传统职业教育课程与 CBE 课程区别

传统职业教育课程	CBE 课程
专业划分以内容为主	以职业分析、能力分析为主
教学目标抽象，研究学什么	目标具体，研究能做什么
教师讲授演示为主	学生自主学习为主，教师帮助指导
反馈信息滞后	及时反馈，动态控制
学习时间限制	不限学习时间
课程设置固定	各取所需
评价为分数	掌握能力评价
考虑群体需要	考虑个人需要

首先要纠正一个观点，在很多人的观念中，职业教育只有中专和大专，但这只是中国职业教育发展的局限性（国家已经在纠正，正在发展职业本科），西方发达国家，如德国的职业教育可以一直读到研究生，而且也不是读书不好的人才去接受职业教育，职业教育是和普通教育同等重要的类型教育。

中国不缺流水线工人，缺少的是懂技术的技师。在人工智能、智能制造等新技术、新生产模式快速发展的情况下，机器替代人已经是无法避免的结果，但是信息化、智能化、网络化的设备，如果没有经过专门的职业培训，是无法使用的，所以必须发展职业教育。

一些家长不愿意让孩子去职业院校的原因，较为重要的因素之一是认为职业院校毕业的学生在择业上范围相对较窄，工作环境单一，薪资待遇不高。一些职业院校的学生毕业出来只能去一些低收入岗位，发展前景也不好；有些学机械、制造类专业的学生甚至只能去工厂的生产线上工作，操作一些机器，薪资待遇偏低，工作环境也较差。国家必须正视这个问题，通过产教融合、企校合作，企业直接参与进专业建设，建立起中国特色的"双元制"职业教育，让学生在学校期间就接受企业导师的培训，既学习理论知识，又实际操作生产设备，还要学习一定的管理知识，成为既懂技术又懂管理的复合型人才，那么他毕业的收入水平甚至可以媲美"985"高校的毕业生。例如，深圳信息职业技术学院中德机器人学院的无人机专业，就是从专业建设开始，就与大疆合作，共同建设专业，学生除了完成大专学历学习外，还要考取相应的无人机方面的职业技能证书，做到了产教融合、企校深度合作，学生毕业后在薪资待遇上能够达到甚至远超普通院校。

从国家宏观层面来讲，产业"空心化"是一个非常严重的问题，现在很多普通高校毕业生，毕业后求职首选金融、互联网、房地产、电商、外贸等行业，相对较少的毕业生愿意去辛苦的制造业（实业）打拼。然而，国家的发展离不开制造业，人民生活水平的提升也离不开制造业，制造业的发展需要大量的职业院校毕业生投身其中。如果国家不大力推动职业教育发展，市场、学校、家长都不会主动去推动职业教育发展，那么产业"空心化"的问题就无法解决，没有实体经济支撑的经济"泡沫"会越来越大，一旦破灭，后果非常恐怖，如美国金融危机。

因此，中高本硕衔接的职业教育通道一定会打通，未来既懂技术又懂管理的职业教育人才会成为国家产业的支撑。职业教育的发展一定是政府、学校、企业联动的，企业是最直接的需求方，学校是需求的承接方，政府从宏观层面进行政策、资金的扶持。

第一，从确定课程目标角度来说，能力本位教育理念旨在培养学生的创造性，希望学生具备岗位所需要的技能、知识等，满足企业岗位能力需求。能力本位教育课程体系的目标总体上必须立足于职业教育相应专业的人才培养目标，在价值取向上要基于以就业为目的的社会需求以及满足能力本位的个性和职业需求。设置课程目标要充分考虑不同的维度，包括职业发展路径、学科发展方向、个人发展需求和社会需求等。课程目标要与岗位定位充分结合，如利用职业能力分析法和能力图表，综合分析、确定和描述能力本位课程教育目标。

第二，在课程内容上，能力本位教育课程内容是以岗位能力为依据的，如CBE 课程采用 DACUM（Developing A Curriculm，教学计划开发）方法进行分析，以职业岗位能力为依据，打破传统的三段式课程，不再过度强调学位本科课程的主体地位，课程开发思路发生转变，不需要教师围绕知识系统进行课程开发，企业专家负责开发和设置课程，因为相较于学校教师来说，企业专家能够精准把握和理解职业教育课程内容。能力本位教育课程内容的选择是在能力分析与工作分析的基础上进行分析与选择。从课程结构角度来说，它是课程体系的基础和框架，合理的结构才能保证课程体系的优化。能力导向的课程设计方法是选择与职业岗位所需要的"能力"为载体，不同的能力来源于不同的知识结构，所以要将工作结构与课程结构相对应。能力本位教育课程体系结构是基于空间结构与时间结构的统一，空间结构是围绕工作任务分析，构建理论与实践相结合的工作过程知识，时间结构是遵循学生的认知规律与工作任务的难易程度，形成从单一到综合的递进关系。

从课程实施角度来说，能力本位教育坚持学生的主体地位，教师负责推动学生开展、组织学习活动，并将其作为一种基本的学习资源。课程实施过程中，教师作为课程学习的引导者，要以学生为中心，在教学过程中能够因材施教，根据学生的条件设置课程大纲，更加注重"做中学"，要充分激起学生的学习热情。教师要充分利用互联网资源，注重培养学生自主学习习惯，实现传统课程流程的颠覆。在课程资源开发层面，要充分围绕学生培养能力开发相应课程资源，包括新型教材开发等。

（二）能力本位教育能力观

为了培养不同类型的人才，让学生具备不同的岗位能力、专业知识和职业素养，能力本位教育模式要求根据不同职业岗位的需求确定人才培养目标、专业课程设置和实践教学活动，重视训练和培养能力。能力本位教育中的"能力"并不是某个独立的技能片段和单项知识，而是围绕职业岗位需求建立的一个综合能力系统，包括技术技能、知识、人格意志和情感思维等。王淑认为能力本位教育中的"能力"是一种复杂、综合、集群式的能力系统，体现个体对职场和工作的适应把握情况，也显示个体在某个专业领域胜任某个职业岗位的素质。能力本位教育模式中，这种能力的综合性较强，一是知识——胜任工作岗位所具备的知识；二是态度——从事工作岗位的动机和情感；三是经验——实践经验的积累情况；四是反馈——工作情况的评估结果。所以，不能将这里的能力看作一种技能，它是一种综合能力，是为了胜任岗位所需要具备的知识、情感动机、经验积累和评价评估能力。

二、职业院校课程体系与岗位能力匹配分析框架

职业院校课程体系与岗位能力匹配分析框架如图 6-1 所示。

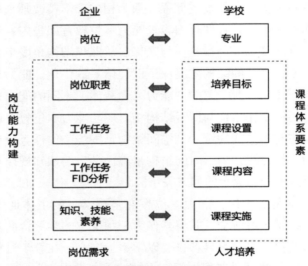

图 6-1 职业院校课程体系与岗位能力匹配分析框架

（一）课程体系与岗位能力匹配分析主体

职业院校课程体系与岗位能力的匹配分析主体包含企业与职业院校，其中企业方为人才需求方，职业院校为人才供给方。因此，要实现人才供给与人才需求的匹配，其核心是职业院校人才培养的标准能够对接企业岗位需求的标准。课程体系为人才培养的载体，企业需求的岗位能力是岗位需求的载体，实现两者的匹配对接是人才培养质量的保证。

（二）岗位能力层面基本要素

我们从岗位能力的构建中提取到四个基本要素，即岗位职责，工作任务，工作任务 FID 分析，知识、技能、素养。岗位职责是指组织运行过程中一个职业岗位所实际承担的职责，不仅仅是制度规定的内容。工作任务是指岗位的工作内容的提炼与概括，是个体与岗位的纽带，是工作职责的具体化层面。工

作任务 FID 分析，是对岗位实际工作任务操作的频繁度（Frequency）、重要性（Importance）、困难度（Difficulty）的分析。知识、技能、素养是指胜任岗位时应具备的岗位能力。岗位能力是依附于工作任务的，这四个基本要素是构成逻辑关系的，关系不是独立的，统一于岗位能力的构建过程中。

（三）课程体系层面基本要素

从课程体系中提取的四个基本要素为培养目标、课程设置、课程内容、课程实施，这四点是课程体系的关键。培养目标是指被培养的人才需要满足的总体要求；课程设置是指为实现培养目标而制定的课程和结构；课程内容是指学生根据课程需要掌握的知识、技能和素养；课程实施是为实施课程而建立的课程教学方法和资源。在这四个要素中，培养目标的确定是课程体系的逻辑起点。课程体系的设计首先要确定本专业的人才培养方向和规格，设置课程与结构、课程内容，选择合适的课程教学方法。

参考文献

［1］ 梁丽华.新时代技术技能人才工匠精神培育研究［M］.杭州：浙江大学
出版社，2021.11.

［2］ 柯玲.高职教育技术技能人才培养质量提升路径研究：基于产业链的集群
式人才培养模式探索与实践［M］.成都：西南交通大学出版社，2016.9.

［3］ 徐哲.高职院校"线上＋线下"混合式教学模式构建的研究［J］.科技视
界，2021（25）：100-101.

［4］ 王婧.教育信息化2.0背景下混合式教学模式创新研究［J］.南方农机，
2021，52（21）：160-162.

［5］ 李振华.杭州市高水平高职院校建设问题与对策：竞争力排名的视角［J］.
教育科学论坛，2021（15）：25-29.

［6］ 涂佳佳."特色高水平院校建设"视域下高职育人培养模式探索：基于
"头雁领航"模式构建［J］.高教学刊，2021，7（15）：177-180.

［7］ 蔡跃，王偲，李静.职业教育新型活页式教材的内涵、特征及开发要点
［J］.中国职业技术教育，2021（11）：88-91.

［8］ 曾天山."岗课赛证融通"培养高技能人才的实践探索［J］.中国职业技
术教育，2021（8）：5-10.

［9］ 龙黎黎，秦首禹.基于"课证岗赛"融通的室内设计专业人才培养模式
［J］.中阿科技论坛（中英文），2021（4）：156-158.

［10］ 赵荃，陈坤，陈琛."一带一路"倡议背景下优质高职院校建设的国际
化发展路径［J］.南阳理工学院学报，2021，13（3）：107-111.

［11］ 孙辉，唐振华，朱正茹."双高计划"：高职院校高质量发展的战略举措
［J］.中国职业技术教育，2020（33）：16-23.

［12］ 杨冰，翁晓凡，陈晨.关于旅游中职珠宝玉石专业现代学徒制课程体系
开发的思考［J］.当代旅游，2020，18（12）：32-33.

［13］ 李媛媛.国家治理现代化视阈下的文化制度体系建设与创新［J］.行政

管理改革，2020（11）：55-60.

［14］ 孙赫.高职计算机应用技术专业"课证融合"教学改革探讨［J］.信息记录材料，2020，21（11）：243-244.

［15］ 刘德辉.高职教育土木工程专业人才培养模式和教学改革探析［J］.南方农机，2020，51（9）：189.

［16］ 盛云华.基于茶文化视角的高职土木工程专业教学探究［J］.福建茶叶，2020，42（8）：238-239.

［17］ 何剑飞，章国平.高职院校土木工程专业国际化人才培养现状、问题及路径［J］.职业教育研究，2020（6）：24-29.

［18］ 崔丽英.高水平高职院校建设政策研究［J］.天津中德应用技术大学学报，2020（4）：19-25.

［19］ 刘开生.汽车制造与检修专业人才培养模式创新改革研究［J］.科学咨询（科技·管理），2020（4）：146.

［20］ 李梦卿，邢晓."双高计划"高职院校建设的时代要求、现实基础与提升路径［J］.教育科学，2020，36（2）：82-89.

［21］ 李寿冰.高职院校开展1+X证书制度试点工作的思考［J］.中国职业技术教育，2019（10）：25-28.

［22］ 谭颖思.国内外混合式教学研究现状综述［J］.中国多媒体与网络教学学报（中旬刊），2019（8）：42-43.

［23］ 庞乐宁."岗课证赛融合"渐进型的高职国贸专业课程体系构建浅析［J］.营销界，2019（51）：287-288.

［24］ 刘婷婷.构建网络教学平台推动教学模式创新研究［J］.电脑知识与技术，2017，13（3）：123.

［25］ 储华平，马成."七年一贯制"土木工程专业人才培养模式调查研究［J］.产业与科技论坛，2017，16（2）：166-168.

［26］ 母中旭.新发展理念下西部欠发达地区优质高职院校建设探究［J］.教育与职业，2017（15）：47-52.

［27］ 陆达毅.浅谈中职数字化校园建设与教育教学模式创新探索与实践［J］.现代职业教育，2017（14）：35.

［28］ 周建松.优质高职院校建设重点与路径研究：基于示范性高职院校建设计划到创新发展行动计划演进的视角［J］.职教论坛，2017（12）：5-11.

［29］ 杨根莲.浅谈机电一体化技术专业"课岗证赛"融合的课程体系构建［J］.职业，2017（30）：69-70.

［30］ 任军.高校混合式教学模式改革推进策略研究［J］.现代教育技术，2017，27（4）：74-78.

［31］ 胡小玉.高职院校思政课"三教一考"教学模式探索：以广州城建职业学院为例［J］.九江职业技术学院学报，2017（2）：29-31.

［32］ 冯蓉."岗课证赛"深度融合的人才培养模式探究：以市场营销专业为例［J］.菏泽学院学报，2015，37（4）：111-115.

［33］ 杨艾.会计专业岗课证赛融合的人才培养模式探索［J］.教育与职业，2013（33）：114-115.

［34］ 蒋文沛.对国家骨干高职院校建设方案设计的思考［J］.教育与职业，2011（23）：33-34.

［35］ 刘红.深化改革提质量 坚定意志谋卓越：记"国家示范性高等职业院校建设计划"骨干高职学校建设培训［J］.中国职业技术教育，2011（13）：18-31.

［36］ 吕光军.锐意进取，注重内涵，全面推进国家示范性高等职业院校建设［J］.成都航空职业技术学院学报，2007（3）：1-4.

后　记

　　本书稿终于告一段落，掩卷思量，饮水思源，在这里谨表达自身的殷切期许与拳拳谢意。职业院校的教育教学改革是一门具有非常严密的思想体系的学问，岗课赛证融合更是一门具有极大发展潜力的新型教学模式。与所有的创新成果一样，要求笔者具有较强的学科功底与整合能力。在创作这本书的过程中，笔者深刻地感觉到"学无止境"与"力有不逮"的压力，如果没有各位亲朋和诸位老师的帮助，相信本书不可能这么顺利地付梓，现一并致谢。

　　本书的内容来自笔者在实际工作过程中的经验总结，不仅涉及了岗课赛证与职业院校教学的理论分析，也针对几项实际案例展开研究，研究角度较广，可参考性强。如果读者是相关行业从业者，本书中具有案例实施改进分析，也许会给读者带来新的启发，找到新的学习、奋斗的方向。

　　要写出一本好书来，仅仅靠一个人单打独斗、默默耕耘是远远不够的，更需要团队的配合和支持与帮助，笔者发自内心地感谢每一位帮助我完成这本书的人。还要感谢我的家人和我的朋友，是他们一直在身后默默地支持和帮助，我的每一次进步都离不开亲人和各位朋友的帮助。同时要感谢我的同事和相关研究者，是他们给予我支持和建议，协助我查找了诸多科研文献，促使我对全书思路做出了更深刻的思考。本书还借鉴了许多专家、学者的研究成果和观点，是他们的科学研究形成了本书的骨架，在此表示诚挚的谢意。如果书中还有任何不足，那都是我个人的疏忽，恳请读者和专家批评指正。